まえがき

　本書は，これまで筆者が執筆してきた論文の中から外国為替レート，株価指数，個別株式，Commodity，株価指数先物，株価指数オプションなどの金融資産について ARCH 型モデル (Autoregressive Conditional Heteroskedasticity Type Models; ARCH-type models) により分析を行なった研究について実証研究を中心に纏め，加筆・修正したものである．金融資産分析に関する教科書や理論中心の学術書は多数出版されているが，実証研究に焦点を当てた研究書は少ない．そのため本書を世に送り出し，少しでも多くの方々のお役に立てれば本書の目的は達せられる．

　本書の対象者は，学部上級・大学院の学生，ならびに研究者・実務家である．また，統計学・計量経済学・時系列分析を学習したことのある読者を想定している．時系列分析に関しては，山本 (1988), Brockwell and Davis (2002) 程度の知識を前提とし，更に，大変優れた金融計量経済学の研究書である Taylor (1986), Campbell et al. (1997) や渡部 (2000) を一読するとより理解が深まると思われる．本書で扱っている ARCH 型モデルの実証研究全般に関しては，Xekalaki and Degiannakis (2010) が大変参考になる．

　本書の刊行にあたっては，匿名の審査員と日本大学経済学部研究事務課の職員の方々，税務経理協会の峯村英治氏に大変お世話になったことに感謝したい．本書は平成 26 年度日本大学経済学部「学術出版助成金」を受けている．厚くお礼を申し上げたい．

　最後に，本書が金融計量分析の発展に少しでも貢献できることを願っている．また，2013 年度に 1 年間，Research Scholar として Duke University で研究機会を与えてくれた GARCH モデルの生みの親でもある Tim Bollerslev に本書を捧げたい．

2014 年 10 月

三井秀俊

目 次

まえがき i

第1章 GARCHモデルとEGARCHモデルによる外国為替レート変動の分析　1

1.1 はじめに 1
1.2 GARCHモデルとEGARCHモデル 2
1.3 データと実証結果 6
　1.3.1 データ 6
　1.3.2 実証結果 10
1.4 結論と今後の課題 14

第2章 EGARCH-Mモデルによる個別株式の株価変動に関する分析　15

2.1 はじめに 15
2.2 分析モデル 17
　2.2.1 EGARCH-Mモデル 17
　2.2.2 z_t の仮定 18
2.3 データと実証結果 19
　2.3.1 データ 19
　2.3.2 実証結果 20
2.4 結論と今後の課題 28

第 3 章　G@RCH による資産価格の時系列分析　　31

- 3.1 はじめに 31
- 3.2 分析モデル 33
  - 3.2.1 G@RCH による ARCH 型モデルの分析 33
  - 3.2.2 GJR-M モデル 34
  - 3.2.3 z_t の分布の仮定 35
- 3.3 データと実証結果 36
  - 3.3.1 データ 36
  - 3.3.2 実証結果 46
- 3.4 結論と今後の課題 48

第 4 章　規制緩和・規制強化による金融市場の構造変化の検証法　　53

- 4.1 はじめに 53
- 4.2 構造変化の検証方法 54
  - 4.2.1 AR(1)-GARCH(1,1) モデルによる検証法 54
  - 4.2.2 AR(1)-EGARCH(1,1) モデルによる検証法 55
  - 4.2.3 推定と検定 56
- 4.3 まとめと今後の課題 57

第 5 章　東日本大震災による日本の株式市場の構造変化の検証　　59

- 5.1 はじめに 59
- 5.2 GARCH モデルによる構造変化の検証方法 60
- 5.3 データと実証結果 62
  - 5.3.1 データ 62
  - 5.3.2 実証結果 62
- 5.4 まとめと今後の課題 68

第 6 章 日経 225 先物のボラティリティの長期記憶性に関する分析　73

- 6.1　はじめに　73
- 6.2　分析モデル　74
  - 6.2.1　FIGARCH モデルと FIEGARCH モデル　74
  - 6.2.2　誤差項の分布の仮定　77
  - 6.2.3　推定法　79
  - 6.2.4　本研究で使用するモデル　80
- 6.3　データと実証結果　81
  - 6.3.1　データ　81
  - 6.3.2　実証結果　84
- 6.4　結論と今後の課題　85
- 第 6 章の補論　88

第 7 章 日経平均株価の長期トレンド分析　91

- 7.1　はじめに　91
- 7.2　分析モデル　92
- 7.3　データと実証結果　94
  - 7.3.1　データ　94
  - 7.3.2　実証結果　94
- 7.4　結論と今後の課題　102

第 8 章 日経 225 先物と TOPIX 先物のブル・ベア相場の分析　103

- 8.1　はじめに　103
- 8.2　分析モデル　104
  - 8.2.1　MS-ARMA(1,1)-GARCH(1,1) モデル　104
  - 8.2.2　推定法　106
  - 8.2.3　モデルの比較　107

8.3　データと実証結果 108
      8.3.1　データ 108
      8.3.2　実証結果 112
   8.4　結論と今後の課題 128

第9章　ARCH 型モデルによる日経 225 オプションの実証研究に関する サーベイ　　129

   9.1　はじめに 129
   9.2　オプション分析における ARCH 型モデルとオプション評価 . . 132
      9.2.1　ARCH 型モデル 132
      9.2.2　モンテカルロ・シミュレーションによるオプション価格の導出 135
   9.3　GARCH, GJR, EGARCH モデルによるオプション価格付け . . 137
      9.3.1　リスク中立性によるオプション評価 137
      9.3.2　局所リスク中立性によるオプション評価 138
      9.3.3　原資産収益率の裾が厚い分布を考慮したオプション評価 . 141
   9.4　ベイズ推定法によるオプション評価 143
      9.4.1　ARCH 型モデルのベイズ推定法 143
      9.4.2　ベイズ推定によるオプション価格の導出 145
   9.5　長期記憶モデルによるオプション価格付け 146
   9.6　ARCH 型モデルの応用によるオプション価格付け 149
      9.6.1　Markov-Switching モデルによるオプション評価 . . . 149
      9.6.2　原資産収益率の分布の歪みを考慮したオプション評価 . 151
   9.7　まとめと今後の展望 154
   第9章の補論 155

あとがき 157

目次	vii

参考文献 **159**

辞典・事典・ハンドブック・LaTeX **171**

表記一覧 **173**

略語一覧 **177**

ギリシャ文字 **179**

索引 **181**
    事項索引 181
    人名索引 187

表目次

1.1	外国為替レート収益率 R_t (%) の基本統計量	6
1.2	GARCH(1,1)-n モデルの推定結果 (米ドル/円)	10
1.3	GARCH(1,1)-t モデルの推定結果 (米ドル/円)	10
1.4	EGARCH(1,1)-n モデルの推定結果 (米ドル/円)	11
1.5	EGARCH(1,1)-GED モデルの推定結果 (米ドル/円)	11
1.6	GARCH(1,1)-n モデルの推定結果 (ユーロ/円)	13
1.7	GARCH(1,1)-t モデルの推定結果 (ユーロ/円)	13
1.8	EGARCH(1,1)-n モデルの推定結果 (ユーロ/円)	13
1.9	EGARCH(1,1)-GED モデルの推定結果 (ユーロ/円)	14
2.1	個別株式の株価収益率 R_t (%) の基本統計量	19
2.2	EGARCH(1,1)-M-n モデルの推定結果 (三菱商事)	23
2.3	EGARCH(1,1)-M-GED モデルの推定結果 (三菱商事)	23
2.4	EGARCH(1,1)-M-n モデルの推定結果 (東京電力)	24
2.5	EGARCH(1,1)-M-GED モデルの推定結果 (東京電力)	24
2.6	EGARCH(1,1)-M-n モデルの推定結果 (ソニー)	26
2.7	EGARCH(1,1)-M-GED モデルの推定結果 (ソニー)	26
2.8	EGARCH(1,1)-M-n モデルの推定結果 (全日空)	26
2.9	EGARCH(1,1)-M-GED モデルの推定結果 (全日空)	27
3.1	株価収益率 R_t (%) の基本統計量	38
3.2	GJR(1,1)-M モデルの推定結果 (US Dollar/Yen)	48

3.3	GJR(1,1)-M モデルの推定結果 (Euro/Yen)	48
3.4	GJR(1,1)-M モデルの推定結果 (Nikkei 225)	49
3.5	GJR(1,1)-M モデルの推定結果 (TOPIX)	49
3.6	GJR(1,1)-M モデルの推定結果 (Dow 30)	49
3.7	GJR(1,1)-M モデルの推定結果 (S&P 500)	50
3.8	GJR(1,1)-M モデルの推定結果 (WTI Oil)	50
3.9	GJR(1,1)-M モデルの推定結果 (NY Gold)	50
5.1	株価収益率 R_t (%) の基本統計量	66
5.2	GARCH(1,1)-*dummy* モデルの推定結果 (TEPCO)	68
5.3	GARCH(1,1)-*dummy* モデルの推定結果 (Sector Index)	69
5.4	GARCH(1,1)-*dummy* モデルの推定結果 (Nikkei 225)	69
5.5	GARCH(1,1)-*dummy* モデルの推定結果 (TOPIX)	70
5.6	GARCH(1,1)-*dummy* モデルの推定結果 (JASDAQ)	70
6.1	日経 225 先物収益率 R_t (%) の基本統計量	82
6.2	FIGARCH$(1, d, 0)$ モデルの推定結果	86
6.3	FIEGARCH$(1, d, 0)$ モデルの推定結果	87
7.1	月次収益率 R_t (%) の基本統計量	94
7.2	MS-GARCH(1,1) モデルの推定結果	96
7.3	ブル相場の期間 $(s_t = 0)$	98
7.4	ベア相場の期間 $(s_t = 1)$	100
8.1	日経 225 先物・TOPIX 先物収益率 R_t (%) の基本統計量 . . .	112
8.2	モデルの推定結果 (日経 225 先物)	114
8.3	モデルの推定結果 (TOPIX 先物)	118
8.4	日経 225 先物のブル相場の期間 $(s_t = 0)$	123
8.5	日経 225 先物のベア相場の期間 $(s_t = 1)$	124
8.6	TOPIX 先物のブル相場の期間 $(s_t = 0)$	125

8.7 TOPIX 先物のベア相場の期間 $(s_t = 1)$ 126

9.1 マネネスによるオプションの分類; 三井 (2000) 141
9.2 マネネスによるオプションの分類; 里吉・三井 (2013c) 153

図 目 次

1.1　米ドル/円為替レート (2000/1/4 – 2005/12/30) . . . .　7
1.2　ユーロ/円為替レート (2000/1/4 – 2005/12/30) . . . .　7
1.3　米ドル/円為替レート日次収益率 (2000/1/5 – 2005/12/30) . . .　7
1.4　ユーロ/円為替レート日次収益率 (2000/1/5 – 2005/12/30) . . .　7
1.5　米ドル/円為替レート日次収益率のヒストグラム . . . .　8
1.6　米ドル/円為替レート日次収益率 ACF . . . .　8
1.7　ユーロ/円為替レート日次収益率のヒストグラム . . . .　8
1.8　ユーロ/円為替レート日次収益率 ACF . . . .　8

2.1　株価 (2002/1/7 – 2006/12/29) . . . .　21
2.2　株価日次収益率 (2002/1/7 – 2006/12/29) . . . .　21
2.3　株価日次収益率のヒストグラムと密度関数 . . . .　22
2.4　株価日次収益率 ACF . . . .　22

3.1　米ドル/円為替レート・ユーロ/円為替レート (2000/1/4 – 2009/12/25)　39
3.2　日経 225・TOPIX 終値 (2000/1/4 – 2009/12/25) . . . .　39
3.3　ダウ工業株 30・S&P 500 終値 (2000/1/4 – 2009/12/24) . . .　40
3.4　WTI 原油先物価格・金価格 [期近] (2000/1/4 – 2009/12/24) . .　40
3.5　資産価格収益率 . . . .　41
3.6　ヒストグラム・密度関数 . . . .　42
3.7　標本自己相関 . . . .　43
3.8　スペクトル密度 . . . .　44

3.9	ピリオドグラム	45
5.1	株価終値 (2010/6/16 – 2011/12/2)	63
5.2	株価収益率 (2010/6/17 – 2011/12/2)	63
5.3	標本自己相関	64
5.4	ヒストグラム・密度関数 (全期間)	64
5.5	ヒストグラム・密度関数 (東日本大震災前)	65
5.6	ヒストグラム・密度関数 (東日本大震災後)	65
6.1	日経225先物終値 (2000/1/4 – 2012/10/31)	83
6.2	日経225先物収益率 (2000/1/5 – 2012/10/31)	83
6.3	ヒストグラム・密度関数	83
7.1	日経平均株価とベア局面 (1949年5月 – 2013年10月)	95
7.2	月次収益率とベア局面 (1949年6月 – 2013年10月)	95
7.3	ヒストグラムと密度関数 (1949年6月 – 2013年10月)	95
8.1	日経225先物終値とベア局面 (2000/1/4 – 2013/9/30)	110
8.2	TOPIX先物終値と ベア局面 (2000/1/4 – 2013/9/30)	110
8.3	日経225先物収益率とベア局面 (2000/1/5 – 2013/9/30)	110
8.4	TOPIX先物収益率とベア局面 (20001/5 – 2013/9/30)	111
8.5	ヒストグラム・密度関数 (日経225先物)	111
8.6	ヒストグラム・密度関数 (TOPIX先物)	111
8.7	ブル局面の平滑化確率 (日経225先物)	127
8.8	ベア局面の平滑化確率 (日経225先物)	127
8.9	ブル局面の平滑化確率 (TOPIX先物)	127
8.10	ベア局面の平滑化確率 (TOPIX先物)	127
9.1	モデルの推定とモンテカルロ・シミュレーションの期間; 里吉・三井 (2013c)	136

ARCH型モデルによる
金融資産分析

三井秀俊

第1章 GARCHモデルと EGARCHモデルによる 外国為替レート変動の分析

1.1 はじめに

　外国為替レートのボラティリティは経験的な事実として時間を通じて変動していることが知られている．Engle (1982) はボラティリティの変動を明示的に捉えるために，各時点のボラティリティを過去の予期しないショックの2乗の線型関数として定式化する ARCH (Autoregressive Conditional Heteroskedasticity) モデルを提案した．また，Bollerslev (1986) はボラティリティの説明変数に過去のボラティリティの値を加えて，GARCH (Generalized ARCH) モデルと呼ばれるより一般的なモデルに拡張している[1]．また，株式市場でのボラティリティは "good news" よりも "bad news" の方により反応する傾向がある．この経験的な事実に対処するために，Nelson (1991) は EGARCH (Exponential GARCH) モデルを提案した．本研究では，外国為替市場[2]にもこのような非対

---

† 本章は，三井 (2007) の論文を加筆・修正したものである．
[1] これらの ARCH 型モデルに関して，統計的性質・方法については，Bollerslev et al. (1992), Bera and Higgins (1993), Bollerslev et al. (1994) を参照．また，ファイナンスの実証研究については，Taylor (1994), Shephard (1996), 渡部 (2000), Hol (2003) を参照．
[2] 外国為替市場に関する基礎知識に関して詳しくは，UBS 銀行東京支店外国為替部 [編] (2004) を参照．

称性 (asymmetry) [3] が存在するかどうかの検証を EGARCH モデルを用いて行なった. 近年では, 外国通貨は資産として投資家の運用資産の対象となっており, 外国為替レートにも株式と同様の収益率とボラティリティの関係が存在すると考えられるためである. また, 資産価格収益率の分布は正規分布 (normal distribution) に比べると裾が厚い分布に従うことが知られている. そのため, 本研究では GARCH モデルには t 分布 (t-distribution) を仮定し, EGARCH モデルには一般化誤差分布 (Generalized Error Distribution; GED) を仮定してモデルの推定を行なった.

実証分析を進めるにあたっては, 2000 年 1 月 4 日から 2005 年 12 月 30 日までの米ドル/円為替レート (US dollar / Yen exchange rate) とユーロ/円為替レート (Euro / Yen exchange rate) の日次データ (daily data) を用いて実証的な検証を行なった. 本研究の実証分析の結果として, 主に次の 2 つの結果が得られた. (1) 米ドル/円為替レート変化率とユーロ/円為替レート変化率のボラティリティのショックは高い持続性を持つ. (2) 米ドル/円為替レート収益率とボラティリティとの間には非対称性は存在しない. また, ユーロ/円為替レート収益率とボラティリティとの間にも非対称性は存在しない.

本章の以下の構成は次の通りである. 1.2 節では, GARCH モデルと EGARCH モデルについて解説を行なう. 1.3 節では, 本研究で利用した米ドル/円為替レートとユーロ/円為替レートのデータと GARCH モデルと EGARCH モデルによる実証結果に関して述べる. 最後の 1.4 節では, 結論と今後の課題について述べる.

1.2 GARCH モデルと EGARCH モデル

本研究では, 外国為替レートの変動の分析として, Bollerslev (1986) の GARCH モデルと Nelson (1991) の EGARCH モデルを用いた. また, 多くの実証研究に

---

[3] 株式市場ではレバレッジ・エフェクト (leverage effects) と呼ばれる. 株式市場には, 株価収益率とボラティリティとの間の関係として, 株価収益率が下落すると次期にはボラティリティは上昇し, 株価収益率が上昇すると次期にはボラティリティは下落するというある種の非対称な動きがあることが知られている.

第1章 GARCH モデルと EGARCH モデルによる外国為替レート変動の分析

おいて，ボラティリティ変動過程の次数を多くしてもあまりパフォーマンスは改善されないことが示されているので，本研究でも GARCH(1,1), EGARCH(1,1) モデルを用いて分析を行なった[4]．以下，それらを簡単に説明する．

離散時間の経済で R_t を時点 t での収益率 (変化率) とするとき，収益率の過程を以下のようにおく．

$$R_t = \mu + \epsilon_t, \tag{1.2.1}$$

$$\epsilon_t = \sigma_t z_t,\ \sigma_t > 0, \tag{1.2.2}$$

$$z_t \sim i.i.d., E[z_t] = 0,\ Var[z_t] = 1. \tag{1.2.3}$$

ここで，(1.2.1) 式の定数項 μ は期待収益率，ϵ_t は誤差項であり，収益率に自己相関は無いと仮定する．i.i.d. は，過去と独立で同一な分布 (independent and identically distributed) を表す．$E[\cdot]$ は期待値，$Var[\cdot]$ は分散を各々表す．

(i) GARCH(1,1): ボラティリティ σ_t^2 は，過去の予測誤差の 2 乗と過去のボラティリティの線形の関数として定式化されている[5]．

$$\sigma_t^2 = \omega + \alpha_1 \epsilon_{t-1}^2 + \beta_1 \sigma_{t-1}^2. \tag{1.2.4}$$

ここで，ボラティリティの非負性を保証するため $\omega, \alpha, \beta > 0$ であると仮定する[6]．また，ボラティリティの過程は定常性を保証するため $\alpha + \beta < 1$ であると仮定する．

---

[4] 通常，GARCH モデルの次数選択は AIC (Akaike's Information Criterion) と SIC (Schwart's Information Criterion) の 2 つの情報量基準に基づいて選択すればよい．最尤法によってパラメータを推定した場合，AIC, SIC は次のように計算される．

$$AIC = -2\ln L + 2n$$
$$SIC = -2\ln L + k\ln T$$

$\ln L$ は推定されたパラメータの下で評価した対数尤度，k は推定されたパラメータの数，T は標本数である．

[5] 一般的な GARCH(p, q) モデルは以下のように表される．

$$\sigma_t^2 = \omega + \sum_{i=1}^{p} \alpha_i \epsilon_{t-i}^2 + \sum_{j=1}^{q} \beta_j \sigma_{t-j}^2.$$

[6] GARCH(1,1) の場合には，非負制約は必要十分条件となる．但し，高次の GARCH(p, q) の場合にはパラメータの非負制約を緩めることができる．詳しくは，Nelson and Cao (1992) を参照．

(ii) EGARCH(1,1): ボラティリティの対数値を被説明変数としてパラメータの非負制約を取り除き定式化されている[7]．

$$\ln(\sigma_t^2) = \omega + \theta_1 z_{t-1} + \theta_2(|z_{t-1}| - E|z_{t-1}|) + \beta_1 \ln(\sigma_{t-1}^2). \quad (1.2.5)$$

ここで, $\theta_1 < 0$ ならば, 資産価格が上昇した日の翌日よりも, 資産価格が下落した日の翌日の方がボラティリティは上昇する．このモデルでは, ボラティリティの対数値を被説明変数としているため $\omega, \beta, \theta_1, \theta_2$ に非負制約は必要としない．定常性のため $0 < \beta < 1$ だけ仮定すればよいが, 過去の多くの実証研究の結果を考慮して $\omega, \theta_2 > 0, \theta_1 < 0$ であると仮定する．また, z が標準正規分布 (standard normal distribution) に従うとき, $E|z_{t-1}| = \sqrt{\pi/2}$ となる[8]．

誤差項が標準正規分布に従う場合, (1.2.3) 式の z_t は,

$$z_t \sim i.i.d.N(0,1) \quad (1.2.6)$$

となり, t 分布に従う場合には,

$$z_t \sim i.i.d.t(0,1,\nu) \quad (1.2.7)$$

となる．ここで, ν は自由度 (degree of freedom) を表し, z_t の分散は 1 に基準化されている．t 分布 t-distribution の密度関数は以下のように与えられる．

$$f(z_t) = \frac{\Gamma(\nu+1/2)}{(\pi\nu)^{\frac{1}{2}}\Gamma(\nu/2)}\left(1 + \frac{z_t^2}{\nu}\right)^{-\frac{\nu+1}{2}}, \quad \nu > 0. \quad (1.2.8)$$

ここで, $\Gamma(\cdot)$ はガンマ関数 (gamma function) [9] である．また, ν が大きくなる

---

[7] 一般的な EGARCH(p,q) モデルは以下のように表される．
$$\ln(\sigma_t^2) = \omega + \sum_{i=1}^{p}\theta_1 z_{t-i} + \theta_2(|z_{t-i}| - E|z_{t-i}|) + \sum_{j=1}^{q}\beta_j \ln(\sigma_{t-j}^2).$$

[8] このとき EGARCH(1,1) は以下のように表される．
$$\ln(\sigma_t^2) = \omega + \theta_1 z_{t-1} + \theta_2\left(|z_{t-1}| - \sqrt{\pi/2}\right) + \beta_1 \ln(\sigma_{t-1}^2).$$

[9] ガンマ関数は以下のように定義される．
$$\Gamma(z) = \int_0^\infty x^{z-1}e^{-x}dx, \quad for \ z > 0$$

と標準正規分布に近似される．誤差項が GED に従う場合には，

$$z_t \sim GED(\eta) \tag{1.2.9}$$

となる．ここで，η は裾の厚さを示すパラメータである．GED の密度関数は以下のように与えられる．

$$f(z) = \frac{\eta \exp\left(-\frac{1}{2}\left|\frac{z}{\lambda}\right|^\eta\right)}{\lambda 2^{(1+\frac{1}{\eta})}\Gamma(1/\eta)}, \quad 0 < \eta \leq \infty, \tag{1.2.10}$$

$$\lambda = \frac{1}{2^{\frac{1}{\eta}}}\sqrt{\frac{\Gamma(1/\eta)}{\Gamma(3/\eta)}}.$$

$\eta = 2$ のとき z は標準正規分布に従う．$\eta < 2$ のとき正規分布より裾が厚い分布に従い，$\eta > 2$ のとき正規分布より裾が薄い分布に従う．

本研究では，以下の 4 種類のモデルにより分析を行なう．[10]

(i) (1.2.1), (1.2.2), (1.2.4), (1.2.6) 式，"GARCH(1,1)-n"
(ii) (1.2.1), (1.2.2), (1.2.4), (1.2.7) 式，"GARCH(1,1)-t"
(iii) (1.2.1), (1.2.2), (1.2.5), (1.2.6) 式，"EGARCH(1,1)-n"
(iv) (1.2.1), (1.2.2), (1.2.5), (1.2.7) 式，"GARCH(1,1)-GED"

また，ガンマ関数は以下のような性質を持つ．

1. $\Gamma(z+1) = z\,\Gamma(z)$
2. $\Gamma(z+1) = z\,!$
3. $\Gamma(1/2) = \sqrt{\pi}$
4. $\log \Gamma(z) = \log(2\pi)/2 + (z-1/2)\log z - z + \theta/12z, \quad \theta \in (0,\ 1)$

[10] その他の誤差項の分布の仮定として，一般化 t 分布 (generalized t distribution) が考えられる．一般化 t 分布は，t 分布 t-distribution・GED・標準正規分布を包含するため，どの分布が最もデータの当てはまりが良いかの仮説検定を行うことができる．一般化 t 分布を用いた実証研究は今後の課題としたい．

表 1.1: 外国為替レート収益率 R_t (%) の基本統計量

標本期間：2000 年 1 月 5 日 – 2005 年 12 月 30 日

標本数：1,475

	平均	標準偏差	歪度	尖度	最大	最小	$LB(12)$
米ドル/円	0.009	0.578	-0.033	4.030^*	2.484	-2.571	22.484
	(0.015)		(0.064)	(0.128)			
ユーロ/円	0.019	0.742	-0.083	8.379^*	5.820	-5.086	678.08^*
	(0.019)		(0.064)	(0.128)			

(i) 括弧内の数値は標準誤差を表す。標本数を T, 標準偏差を $\hat{\sigma}$ とすると, 平均, 歪度, 尖度の標準誤差はそれぞれ, $\hat{\sigma}/\sqrt{T}, \sqrt{6/T}, \sqrt{24/T}$ である. LB(12) は, Diebold (1988), Diebold and Lopez (1995) の方法によって分散不均一性を調整した Ljung / Box 統計量である. (ii) * は有意水準 5 % で有意であることを示す.

1.3 データと実証結果

1.3.1 データ

本研究では, 東京外国為替市場における 17:00 時の銀行間直物の米ドル/円為替レートとユーロ/円為替レートの日次データ[11]を用いて 1.2 節の GARCH(1,1)-n, GARCH(1,1)-t, EGARCH(1,1)-n, GARCH(1,1)-GED の 4 種類のモデルのパラメータの推定を行なった. 標本期間は, 2000 年 1 月 4 日から 2005 年 12 月 30 日までである (図 1.1, 図 1.2 を参照). 収益率は, t 時点の為替レートを P_t とし, $R_t = (\ln P_t - \ln P_{t-1}) \times 100$ (%) として計算を行なった (図 1.3, 図 1.4 を参照). 標本期間は, 2000 年 1 月 5 日から 2005 年 12 月 30 日まで, 標本数は 1,475 である. データの基本統計量は, 表 1.1 に纏められている.

米ドル/円為替レート収益率の平均は, 0.009 という値を示しているが, これは統計的に有意な値ではない. 歪度 (skewness) についても -0.033 という値を示しているが, これも統計的に有意な値ではない. 尖度 (kurtosis) については 4.030 と統計的に有意な値であり 3 を超えていることから, 米ドル/円為替レート収益

---

[11] 日経 NEEDS-FinancialQuest を利用した.

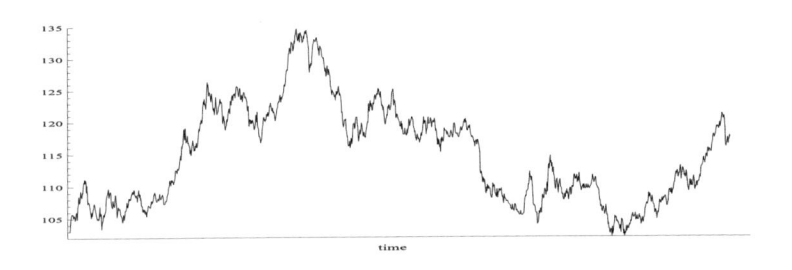

第 1 章 GARCH モデルと EGARCH モデルによる外国為替レート変動の分析　　7

図 1.1: 米ドル/円為替レート (2000/1/4 – 2005/12/30)

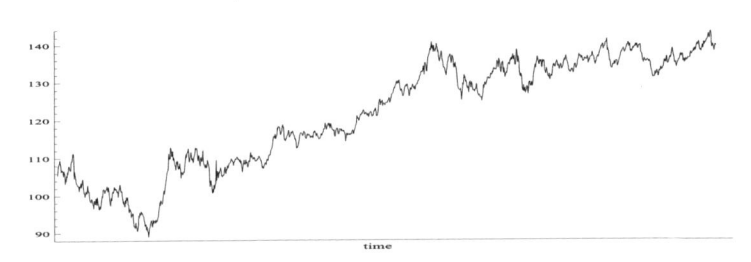

図 1.2: ユーロ/円為替レート (2000/1/4 – 2005/12/30)

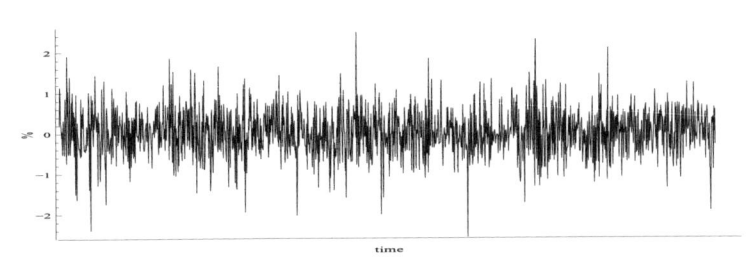

図 1.3: 米ドル/円為替レート日次収益率 (2000/1/5 – 2005/12/30)

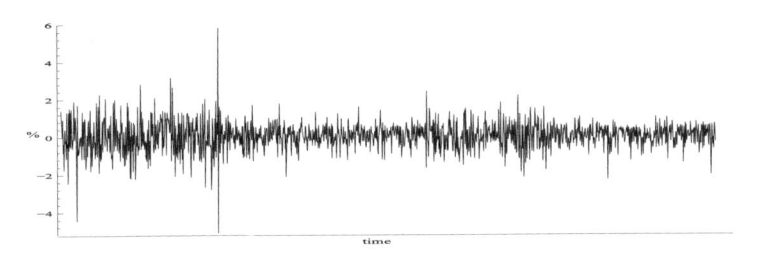

図 1.4: ユーロ/円為替レート日次収益率 (2000/1/5 – 2005/12/30)

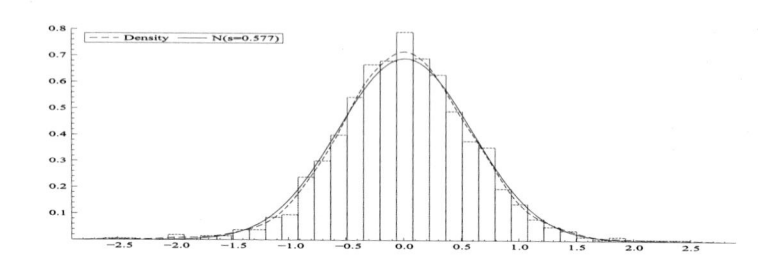

図 1.5: 米ドル/円為替レート日次収益率のヒストグラム

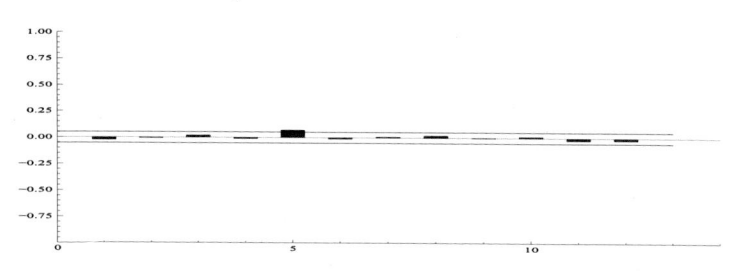

図 1.6: 米ドル/円為替レート日次収益率 ACF

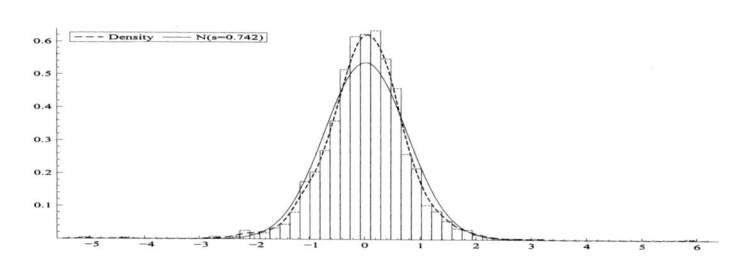

図 1.7: ユーロ/円為替レート日次収益率のヒストグラム

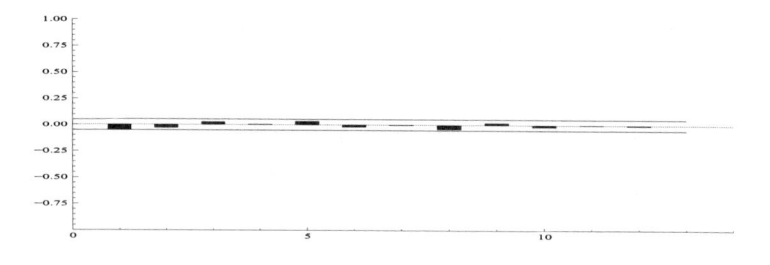

図 1.8: ユーロ/円為替レート日次収益率 ACF

率の分布は正規分布よりも裾が厚いことがわかる．米ドル/円為替レート収益率のヒストグラムは，図 1.5 に描かれている．ここでは，密度関数 (density) と正規近似 (normal approximation) が重ねて描かれている．$N(s = 0.577)$ は，正規近似が平均 0.009, 分散が 0.577^2 の正規分布 $N(0.009, 0.577^2)$ に従うことを表している．Ljung - Box 統計量[12]については，米ドル/円為替レート収益率の 1 次から 12 次までの自己相関がすべて 0 であるという帰無仮説は棄却されることはなく，このことは，米ドル/円為替レート収益率には統計的に有意な自己相関は無いことを示している．標本自己相関 (ACF: autocorrelation function) を図 1.6 で示す．

ユーロ/円為替レート収益率の平均は，0.019 という値を示し，歪度 についても -0.083 との値を示しているが，両方とも統計的に有意な値ではない．尖度については 8.379 と統計的に有意な値であり 3 を超えていることから，ユーロ/円為替レート収益率の分布も米ドル/円為替レート収益率の分布と同様に正規分布よりも裾が厚いことがわかる．ユーロ/円為替レート収益率のヒストグラムは，図 1.7 に描かれている．ユーロ/円為替レート収益率の正規近似は，$N(0.019, 0.742^2)$ に従う．Ljung - Box 統計量については，ユーロ/円為替レート収益率の 1 次から 12 次までの自己相関がすべて 0 であるという帰無仮説は棄却されることはなく，ユーロ/円為替レート収益率にも統計的に有意な自己相関は無いことを示している．標本自己相関を図 1.8 で示す．

---

[12] Diebold and Lopez (1995) の方法によって分散不均一性を調整した以下の Ljung - Box 統計量を用いた．

$$LB(m) = T(T+2) \sum_{k=1}^{m} \left[\frac{\hat{\sigma}^4}{\hat{\sigma}^4 + \gamma_{R^2}(k)} \right] \frac{\hat{\rho}(k)^2}{T-k}$$

ここで，m は自己相関の次数，$\hat{\sigma}^4$ は時系列データ $\{R_1, \cdots, R_T\}$ の標本分散の 2 乗，$\gamma_{R^2}(k)$ は $\{(R_1 - \bar{R})^2, (R_2 - \bar{R})^2, \cdots, (R_T - \bar{R})^2\}$ の k 次の標本自己共分散，また，$\hat{\rho}(k)^2$ は標本自己相関係数 (autocorrelation coefficient) を表す．このとき，統計量は漸近的に自由度 12 の χ^2 分布に従う．

表 1.2: GARCH(1,1)-n モデルの推定結果 (米ドル/円)

$R_t = \mu + \epsilon_t, \quad \epsilon_t = \sigma_t z_t, \quad \sigma_t > 0, \quad z_t \sim i.i.d.N(0,1),$
$\sigma_t^2 = \omega + \alpha_1 \epsilon_{t-1}^2 + \beta_1 \sigma_{t-1}^2.$

	μ	ω	α_1	β_1
推定値	0.012	0.017	0.033*	0.914*
標準誤差	(0.014)	(0.009)	(0.012)	(0.038)
$\ln L$		-1272.754		

* は有意水準 5 % で有意であることを示す.

表 1.3: GARCH(1,1)-t モデルの推定結果 (米ドル/円)

$R_t = \mu + \epsilon_t, \quad \epsilon_t = \sigma_t z_t, \quad \sigma_t > 0, \quad z_t \sim i.i.d.t(0,1,\nu),$
$\sigma_t^2 = \omega + \alpha_1 \epsilon_{t-1}^2 + \beta_1 \sigma_{t-1}^2.$

	μ	ω	α_1	β_1	ν
推定値	0.012	0.014*	0.035*	0.923*	10.225*
標準誤差	(0.014)	(0.007)	(0.013)	(0.029)	(2.286)
$\ln L$		-1257.346			

* は有意水準 5 % で有意であることを示す.

1.3.2 実証結果

本研究では, モデルの推定を $PcGive$ [13]) (統計・時系列分析ソフト) により行なった[14]). 本研究の実証結果は, 表 1.2 – 表 1.9 に纏められている. 推定結果を纏めると以下のようになる.

(1) 米ドル/円為替レート

(i) GARCH(1,1)-n: μ, ω に関しては, 両方ともに統計的に有意ではなかった. α_1, β_1 は両方ともに統計的に有意な結果となった. $\alpha_1 + \beta_1 = 0.947$ となり, 1 に近い値となった. これは, 米ドル/円為替レート収益率のボラティリティのショックが高い持続性 (persistence) を持つことを意味する.

(ii) GARCH(1,1)-t: μ に関しては, 統計的に有意ではなかった. ω, α_1, β_1,

---

[13]) 詳しくは, ヘンドリー・ドーニック (2006) を参照.
[14]) $PcGive$ では, 最尤法 (Maximum Likelihood method) により GARCH モデル, EGARCH モデルの推定を行なうことができる.

第 1 章 GARCH モデルと EGARCH モデルによる外国為替レート変動の分析

表 1.4: EGARCH(1,1)-n モデルの推定結果 (米ドル/円)

$$R_t = \mu + \epsilon_t, \quad \epsilon_t = \sigma_t z_t, \quad \sigma_t > 0, \quad z_t \sim i.i.d.N(0,1),$$
$$\ln(\sigma_t^2) = \omega + \theta_1 z_{t-1} + \theta_2 \left(|z_{t-1}| - \sqrt{\pi/2}\right) + \beta_1 \ln(\sigma_{t-1}^2).$$

	μ	ω	θ_1	θ_2	β_1
推定値	0.011	-0.069	-0.009	0.098^*	0.936^*
標準誤差	(0.011)	(0.038)	(0.017)	(0.033)	(0.034)
$\ln L$		-1270.920			

$*$ は有意水準 5 ％で有意であることを示す.

表 1.5: EGARCH(1,1)-GED モデルの推定結果 (米ドル/円)

$$R_t = \mu + \epsilon_t, \quad \epsilon_t = \sigma_t z_t, \quad \sigma_t > 0, \quad z_t \sim GED(\eta),$$
$$\ln(\sigma_t^2) = \omega + \theta_1 z_{t-1} + \theta_2 (|z_{t-1}| - E|z_{t-1}|) + \beta_1 \ln(\sigma_{t-1}^2).$$

	μ	ω	θ_1	θ_2	β_1	$\ln(\eta/2)$
推定値	0.009	-0.062	-0.006	0.094^*	0.945^*	-0.222^*
標準誤差	(0.013)	(0.032)	(0.017)	(0.032)	(0.029)	(0.051)
$\ln L$		-1260.999				

$*$ は有意水準 5 ％で有意であることを示す.

ν は統計的に有意な結果となった. ここでも, GARCH(1,1)-n と同様に, $\alpha_1 + \beta_1 = 0.958$ となり 1 に近い値となっている. $\nu = 10.225$ より, z_t の分布に対して t 分布を用いると自由度は 10.225 となる.

(iii) EGARCH(1,1)-n: μ, ω, θ_1 に関しては, 統計的に有意ではなかった. θ_2, β_1 は統計的に有意な結果となった. $\theta_1 = -0.009$ という推定結果となったが, これは統計的に有意な値ではないので, 米ドル/円為替レート市場に非対称性の存在は無いということになる[15]. $\beta_1 = 0.936$ となり, 1 に近い値となった. これは, GARCH モデルの場合と同様に, 米ドル/円為替レート収益率のボラティリティのショックが高い持続性を持つことを意味する.

(iv) EGARCH(1,1)-GED: μ, ω, θ_1 に関しては, 統計的に有意ではなかった. $\theta_2, \beta_1, \ln(\eta/2)$ は統計的に有意な結果となった. θ_1 が統計的に有意な値ではないので, EGARCH(1,1)-n の場合と同様に, 米ドル/円為替レート市場に

---

[15] 三井 (2005b) では, 非対称 SV モデルを用いて同様の結果を得ている.

非対称性の存在は無い．ここでも，$\beta_1 = 0.993$ という 1 に近い値となっている．$\ln(\eta/2) = -0.222$ なので z_t は，標準正規分布よりも裾の厚い分布に従っていることがわかる[16]．

(2) ユーロ/円為替レート

(i) GARCH(1,1)-n: μ, ω に関しては，両方ともに統計的に有意ではなかった．α_1, β_1 は両方ともに統計的に有意な結果となった．$\alpha_1 + \beta_1 = 0.988$ となり，1 に近い値となった．円/米ドル為替レートの場合と同様に，このことは，ユーロ/円為替レート収益率のボラティリティのショックもまた高い持続性を持つことを示している．

(ii) GARCH(1,1)-t: μ, ω に関しては統計的に有意ではなかった．α_1, β_1, ν は統計的に有意な結果となった．ここでも，GARCH(1,1)-n と同様に $\alpha_1 + \beta_1 = 0.999$ となり，1 に近い値となっている．$\nu = 7.461$ より，z_t の分布に対して t 分布を用いると自由度は 7.461 となる．

(iii) EGARCH(1,1)-n: μ, ω, θ_1 に関しては，統計的に有意ではなかった．θ_2, β_1 は統計的に有意な結果となった．θ_1 が統計的に有意な値ではないので，ユーロ/円為替レートにも非対称性の存在は無いということになる．$\beta_1 = 0.993$ なので，ユーロ/円為替レート収益率のボラティリティのショックは高い持続性を持つ．

(iv) EGARCH(1,1)-GED: ω, θ_1 に関しては，統計的に有意ではなかった．$\mu, \theta_2, \beta_1, \ln(\eta/2)$ は統計的に有意な結果となった．θ_1 が統計的に有意な値ではないので，ここでも非対称性の存在は無い．また，$\beta_1 = 0.994$ という 1 に近い値となっている．$\ln(\eta/2) = -0.267$ なので z_t は，標準正規分布よりも裾の厚い分布に従っている．

---

[16] $PcGive$ では，η は $\eta^* = \ln(\eta/2)$ として推定される．そのため $\eta^* = 0$ であれば標準正規分布に従うので，$\eta^* < 0$ のとき標準正規分布よりも裾の厚い分布に従うことになる．

表 1.6: GARCH(1,1)-n モデルの推定結果 (ユーロ/円)

$R_t = \mu + \epsilon_t, \ \epsilon_t = \sigma_t z_t, \ \sigma_t > 0, \ z_t \sim i.i.d.N(0,1),$
$\sigma_t^2 = \omega + \alpha_1 \epsilon_{t-1}^2 + \beta_1 \sigma_{t-1}^2.$

	μ	ω	α_1	β_1
推定値	0.020	0.006	0.059*	0.929*
標準誤差	(0.016)	(0.002)	(0.011)	(0.019)
$\ln L$		-1517.287		

* は有意水準 5 % で有意であることを示す.

表 1.7: GARCH(1,1)-t モデルの推定結果 (ユーロ/円)

$R_t = \mu + \epsilon_t, \ \epsilon_t = \sigma_t z_t, \ \sigma_t > 0, \ z_t \sim i.i.d.t(0,1,\nu),$
$\sigma_t^2 = \omega + \alpha_1 \epsilon_{t-1}^2 + \beta_1 \sigma_{t-1}^2.$

	μ	ω	α_1	β_1	ν
推定値	0.037	0.001	0.046*	0.953*	7.461*
標準誤差	(0.016)	(0.001)	(0.013)	(0.013)	(1.262)
$\ln L$		-1491.645			

* は有意水準 5 % で有意であることを示す.

表 1.8: EGARCH(1,1)-n モデルの推定結果 (ユーロ/円)

$R_t = \mu + \epsilon_t, \ \epsilon_t = \sigma_t z_t, \ \sigma_t > 0, \ z_t \sim i.i.d.N(0,1),$
$\ln(\sigma_t^2) = \omega + \theta_1 z_{t-1} + \theta_2 \left(|z_{t-1}| - \sqrt{\pi/2} \right) + \beta_1 \ln(\sigma_{t-1}^2).$

	μ	ω	θ_1	θ_2	β_1
推定値	0.031	-0.003	0.023	0.110*	0.993*
標準誤差	(0.017)	(0.003)	(0.012)	(0.023)	(0.004)
$\ln L$		-1511.497			

* は有意水準 5 % で有意であることを示す.

表 1.9: EGARCH(1,1)-GED モデルの推定結果 (ユーロ/円)

$$R_t = \mu + \epsilon_t, \quad \epsilon_t = \sigma_t z_t, \quad \sigma_t > 0, \quad z_t \sim GED(\eta),$$
$$\ln(\sigma_t^2) = \omega + \theta_1 z_{t-1} + \theta_2 (|z_{t-1}| - E|z_{t-1}|) + \beta_1 \ln(\sigma_{t-1}^2).$$

	μ	ω	θ_1	θ_2	β_1	$\ln(\eta/2)$
推定値	0.039*	−0.005	0.019	0.100*	0.994*	−0.267*
標準誤差	(0.016)	(0.004)	(0.013)	(0.025)	(0.004)	(0.047)
$\ln L$		−1494.745				

* は有意水準 5 % で有意であることを示す.

1.4 結論と今後の課題

本章では, 外国為替レート変動の特性に焦点を当て, GARCH モデルと EGARCH モデルに対して, 米ドル/円為替レートとユーロ/円為替レートのデータを適用し実証的に検証を行なった. 本章で得られた主な結果を纏めると次のようになる.

1. 東京外国為替市場での銀行間直物の米ドル/円為替レート収益率とユーロ/円為替レート収益率のボラティリティのショックは高い持続性を持つ.
2. 東京外国為替市場での銀行間直物の米ドル/円為替レート収益率とボラティリティとの間には非対称性は存在しない. また, ユーロ/円為替レート収益率とボラティリティとの間にも非対称性は存在しない.

今後の課題としては, 英ポンド・豪ドル・香港ドルなどのような他の主要通貨を用いて同様の分析を行なうことや, また, 外国為替レートなどの価格変動の性質を捉える他のモデルとして, マルコフ・スイッチング (Markov-Switching; MS) モデル[17]や確率的分散変動 (Stochastic Volatility; SV) モデル[18] などがあり, これらのモデルと比較することなどが考えられる.

---

[17] マルコフ・スイッチング・モデルに関して詳しくは, Kim and Nelson (1999), Hamilton and Raj [eds.] (2002) を参照. また, 里吉・三井 (2006), 里吉・三井 (2007) では, マルコフ・スイッチング GARCH (MS-GARCH) モデルを日経 225 株価指数 (日経平均) 変動の分析に適用している.
[18] 米ドル/円為替レートへの応用に関しては, Mitsui (2004, 2008) を参照.

第2章 EGARCH-Mモデルによる個別株式の株価変動に関する分析

2.1 はじめに

　株式市場には，株価収益率とボラティリティ(volatility) [1] との間の関係として，株価収益率が下落すると次期にはボラティリティは上昇し，株価収益率が上昇すると次期にはボラティリティは下落するというある種の非対称な動きがある[2]．この現象は，レバレッジ・エフェクトと呼ばれる．三井 (2004a) では東証株価指数 (Tokyo Stock Price Index; TOPIX)，三井 (2004b, 第 4 章)，三井 (2005a) では日経平均株価でも同様の現象が観測できるという実証結果を得ている．他の金融資産おける同様の研究として，日本の商品市場 (commodity market) における渡部・大鋸 (1996) の実証研究がある．そこでは日本の商品市場ではこうした非対称性は観測されないという結果を得ている．また，三井 (2005b)，三井 (2007) では，米ドル/円為替レートとユーロ為替レートにも非対称性は観測されないという結果を得ている．そこで本研究では，日本の個別株式には株価収益率とボラティリティとの間にある種の非対称性が観測できるの

---

　† 本章は，三井 (2008a) の論文を加筆・修正したものである．
　1) ボラティリティは資産収益率の分散あるいは標準偏差により定義され，ファイナンス理論ではリスク資産 (株式など将来の収益が不確定な資産) のリスクの指標として用いられる．
　2) 詳しくは，Black (1976), Bekaert and Wu (2000) を参照．また，株式市場でのボラティリティは "good news" よりも "bad news" の方により反応する傾向がある．

かどうかを実証的に検証をすることを主眼とした．

このような株式市場の経験的な事実に対処するために，Nelson (1991) は，Engle (1982) の ARCH モデルと Bollerslev (1986) の GARCH モデルを拡張して，非対称な動きが存在するかどうかの検証を行なうことができる EGARCH モデルを提案した．本研究では，個別株式のリスク・プレミアム (risk premium) [3]を捉えるために，収益率の過程にボラティリティを説明変数として組み込んで定式化した EGARCH-M (in-the-mean) [4] により実証研究を行なった．また，株価収益率の分布は正規分布に比べると裾が厚い分布に従うことが知られている[5]．そのため，本研究では EGARCH-M モデルには GED を仮定してモデルの推定を行なった．

実証分析を進めるにあたっては，2002年1月7日から2006年12月29日までの三菱商事 (Mitsubishi: Mitsubishi Corporation)・東京電力 (TEPCO: Tokyo Electric Power Company)・ソニー (Sony: Sony Corporation)・全日本空輸 [全日空] (ANA: All Nippon Airways) の日次データを用いて実証的な検証を行なった[6]．本研究の実証分析の結果として，主に次の2つの結果が得られた．(1) 株価収益率とボラティリティとの間の非対称性が観測できたのは三菱商事のみであり，東京電力・ソニー・全日空では非対称性を観測することができなかった．(2) 三菱商事・東京電力・ソニー・全日空のすべての企業でリスク・プレミアムを観測することはできなかった．

本章の以下の構成は次の通りである．2.2節では，EGARCH-M モデルと分析モデルの誤差項の仮定について説明を行なう．2.3節では，本研究で利用した個別株式の三菱商事・東京電力・ソニー・全日空のデータと EGARCH-M モデルによる実証結果に関して述べる．最後の2.4節では，まとめと今後の課題について述べる．

---

[3] リスク資産の期待収益率と無リスク資産収益率との差をリスク・プレミアムと呼ぶ．
[4] 詳しくは，Engle et al. (1987) を参照．
[5] ファイナンス理論・実証研究における収益率の分布に関する論文集として，Knight and Stachell [eds.] (2001), Rachev [ed.] (2003) がある．
[6] 企業の選択は筆者の独断で選択した．同一業種の選択にはならないようする点だけは注意を払った．

2.2 分析モデル

2.2.1 EGARCH-M モデル

離散時間の経済で R_t を時点 t での株価収益率とするとき, 株価収益率 R_t の過程を以下のようにおく.

$$R_t = \mu + \lambda\sigma + \epsilon_t, \qquad (2.2.1)$$

$$\epsilon_t = \sigma_t z_t, \quad \sigma_t > 0, \qquad (2.2.2)$$

$$z_t \sim i.i.d., E[z_t] = 0, Var[z_t] = 1. \qquad (2.2.3)$$

ここで, (2.2.1) 式の定数項 μ は期待収益率, ϵ_t は誤差項であり, 収益率に自己相関は無いと仮定する. λ はリスク・プレミアムを捉えるパラメータである[7]. $i.i.d.$ は, 過去と独立で同一な分布を表す. $E[\cdot]$ は期待値, $Var[\cdot]$ は分散を各々表す. ボラティリティ σ の過程は, 以下の EGARCH(p,q) モデルに従うとする.

$$\ln(\sigma_t^2) = \omega + \sum_{i=1}^{p}\theta_1 z_{t-i} + \theta_2(|z_{t-i}| - E|z_{t-i}|) + \sum_{j=1}^{q}\beta_j \ln(\sigma_{t-j}^2). \qquad (2.2.4)$$

ボラティリティの対数値を被説明変数としてパラメータの非負制約を取り除き定式化されている. (2.2.1) – (2.2.4) 式で記述されるモデルを EGARCH(p,q)-M モデルと呼ぶ.

EGARCH(p,q)-M モデルの次数選択は AIC と SIC の 2 つの情報量基準に基づいて選択すればよい. しかしながら, 過去の実証研究においてボラティリティ変動過程の次数を多くしてもあまりパフォーマンスは改善されないことが示されているので, 本研究では, EGARCH(1,1)-M モデルを用いて分析を行なうことにする.

EGARCH(1,1) モデルは以下のように記述される.

$$\ln(\sigma_t^2) = \omega + \theta_1 z_{t-1} + \theta_2\left(|z_{t-1}| - E|z_{t-1}|\right) + \beta_1 \ln(\sigma_{t-1}^2). \qquad (2.2.5)$$

---

[7] リスク・プレミアムを考慮した他の収益率 R_t の定式化としては,
$$R_t = \mu + \lambda\sigma^2 + \epsilon_t$$
が考えられる.

ここで, $\theta_1 < 0$ ならば, 資産価格が上昇した日の翌日よりも, 資産価格が下落した日の方がボラティリティは上昇する. このモデルでは, ボラティリティの対数値を被説明変数としているため ω, β, θ_1, θ_2 に非負制約は必要としない. 定常性のため $0 < \beta < 1$ だけ仮定すればよいが, 過去の多くの実証研究の結果を考慮して ω, $\theta_2 > 0$, $\theta_1 < 0$ であると仮定する. また, z が標準正規分布に従うとき, $E|z_{t-1}| = \sqrt{\pi/2}$ となり, EGARCH(1,1) は以下のように表される.

$$\ln(\sigma_t^2) = \omega + \theta_1 z_{t-1} + \theta_2 \left(|z_{t-1}| - \sqrt{\pi/2}\right) + \beta_1 \ln(\sigma_{t-1}^2). \quad (2.2.6)$$

2.2.2 z_t の仮定

本研究では, z_t の分布の仮定として標準正規分布と GED を用いた. z_t が標準正規分布に従う場合には,

$$z_t \sim i.i.d.N(0,1) \quad (2.2.7)$$

となる. また, z_t が GED に従う場合には,

$$z_t \sim GED(\eta) \quad (2.2.8)$$

となる. ここで, η は裾の厚さを示すパラメータ, $\Gamma(\cdot)$ はガンマ関数である. GED の密度関数は以下のように与えられる.

$$f(z) = \frac{\eta \exp\left(-\frac{1}{2}\left|\frac{z}{\lambda}\right|^\eta\right)}{\lambda 2^{(1+\frac{1}{\eta})} \Gamma(1/\eta)}, \quad 0 < \eta \leq \infty, \quad (2.2.9)$$

$$\lambda = \frac{1}{2^{\frac{1}{\eta}}} \sqrt{\frac{\Gamma(1/\eta)}{\Gamma(3/\eta)}}.$$

$\eta = 2$ のとき z は標準正規分布に従う. $\eta < 2$ のとき正規分布より裾が厚い分布に従い, $\eta > 2$ のとき正規分布より裾が薄い分布に従う.

本研究では, (2.2.1), (2.2.2), (2.2.6), (2.2.7) 式からなるモデルである "EGARCH(1,1)-M-n", (2.2.1), (2.2.2), (2.2.5), (2.2.8) 式からなるモデルである "EGARCH(1,1)-M-GED" の 2 種類のモデルにより分析を行なう.

表 2.1: 個別株式の株価収益率 R_t (%) の基本統計量

標本期間：2002 年 1 月 7 日 – 2006 年 12 月 29 日

標本数：1,229

	三菱商事	東京電力	ソニー	全日空
平均	0.077	0.027	−0.019	0.026
標準偏差	2.009	1.027	1.940	1.607
歪度	0.010	0.093	−0.512	0.460
尖度	3.673	5.334	11.499	9.047
最大	7.912	6.258	13.255	14.232
最小	−8.051	−5.716	−16.875	−8.490
正規性検定	21.294*	165.82*	906.37*	575.57*

* は有意水準 5 % で有意であることを示す.

2.3 データと実証結果

2.3.1 データ

本研究では, 個別株式の株価のデータとしては, 三菱商事・東京電力・ソニー・全日空の日次データを使用し, 日経 NEEDS-FinancialQuest からデータを取得した. これらのデータを利用して 2.2 節の EGARCH(1,1)-M-n, EGARCH(1,1)-M-GED の 2 種類のモデルのパラメータの推定を行なった. 標本期間は, 2000 年 1 月 6 日から 2006 年 12 月 29 日までである (図 2.1, 図 2.2 を参照). 株価収益率は, t 時点の株価を P_t とし, $R_t = (\ln P_t - \ln P_{t-1}) \times 100$ (%) として計算を行なった (図 2.1, 図 2.2 を参照). ここで, 配当は無視するものとした. 標本期間は, 2002 年 1 月 7 日から 2006 年 12 月 29 日まで, 標本数は 1,229 である. データの基本統計量は, 表 2.1 に纏められている.

尖度については, 三菱商事・東京電力・ソニー・全日空のすべての企業で 3

を超えていることから，これらの企業の株価収益率の分布は正規分布よりも裾が厚いことがわかる．また，株価収益率のヒストグラムは，図 2.3 に描かれている．ここでは，密度関数と正規近似が重ねて描かれている．例えば，三菱商事に関して，$N(s = 0.201)$ は，表 2.1 より正規近似が平均 0.077，図 2.3 より分散が 0.577^2 の正規分布 $N(0.077, 0.201^2)$ に従うことを表している．標本自己相関を図 2.4 で示す．

2.3.2 実証結果

本研究では，モデルの推定を $PcGive$ [8] により行なった．$PcGive$ は，$OxMetrics$ family [9] の一部であり，ARCH 型モデルを容易に推定することができる[10]．$PcGive$ では，最尤法 (Maximum Likelihood method) [11] により EGARCH モデルの推定を行なうことができる．また，$PcGive$ では η は $\eta^* = \ln(\eta/2)$ として推定される．そのため $\eta^* = 0$ であれば標準正規分布に従うので，$\eta^* < 0$ のとき標準正規分布よりも裾の厚い分布に従うことになる．

本研究の実証結果は，表 2.2 – 表 2.9 に纏められている．推定結果を纏めると以下のようになる．

(1) 三菱商事 (Mitsubishi)

(i) EGARCH(1,1)-M-n: ω, θ_1, θ_2, β_1，に関しては，統計的に有意な結果となった．θ_1 が有意であるということは，三菱商事の株価収益率とラボティリティとの間には非対称性があることを示している．μ, λ に関しては，統計的に有意ではなかった．λ が有意でないということは，三菱商事の株価収益率にはリスク・プレミアムが存在しないということを意味する．

(ii) EGARCH(1,1)-M-GED: μ, ω, θ_1, θ_2, β_1 に関しては，統計的に有意な結果となった．θ_1 が有意であるということは，上記の EGARCH(1,1)-M-n と

---

[8] 詳しくは，Doornik and Hendry (2006)，ヘンドリー・ドーニック (2006) を参照．
[9] 詳しくは，Doornik (2006) を参照．
[10] $OxMetrics$ family の一部である $G@RCH$ の利用も可能である．$G@RCH$ に関して詳しくは，Laurent and Peters (2002), Laurent and Peters (2006) を参照．
[11] 詳しくは，Maddala and Rao [eds.] (1996), Gourieroux and Jasiak (2001) を参照．

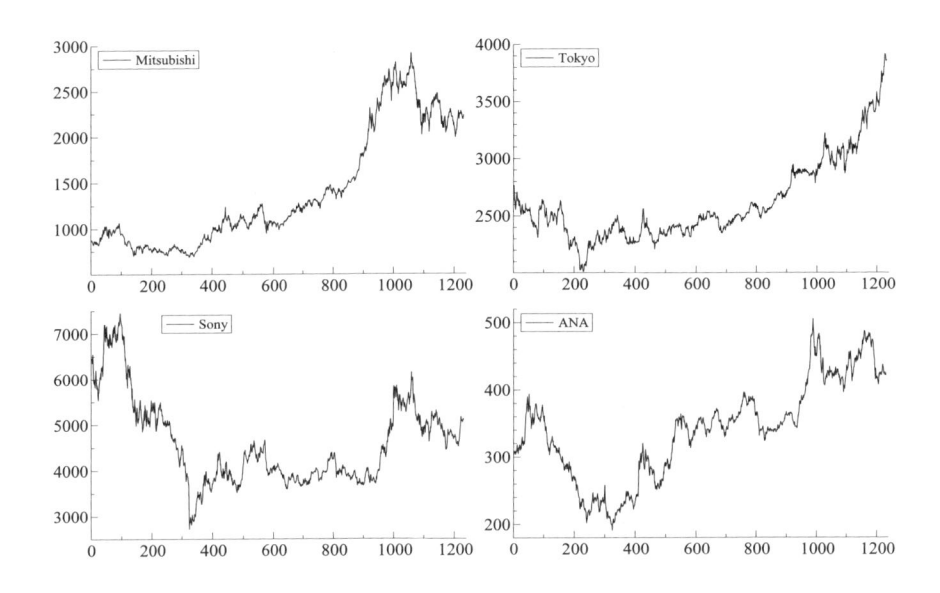

第 2 章 EGARCH-M モデルによる個別株式の株価変動に関する分析 21

図 2.1: 株価 (2002/1/7 – 2006/12/29)

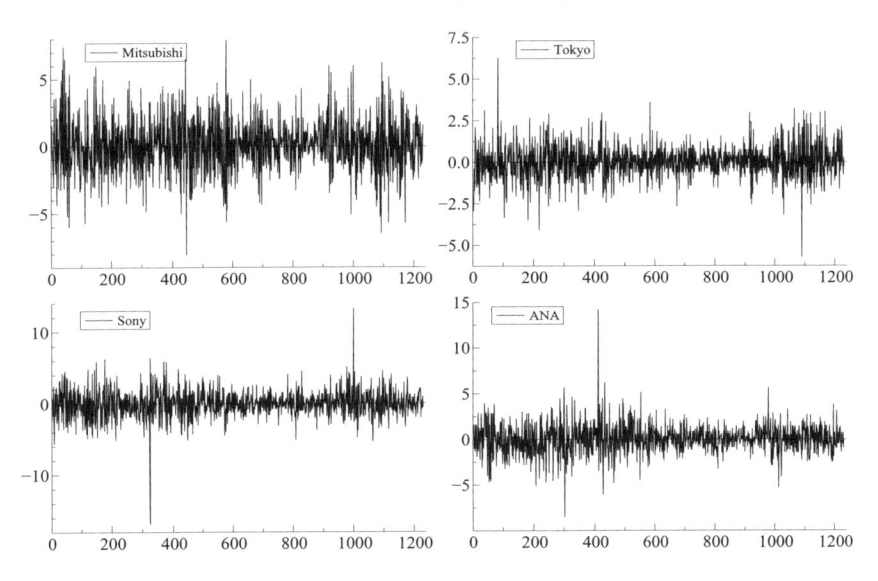

図 2.2: 株価日次収益率 (2002/1/7 – 2006/12/29)

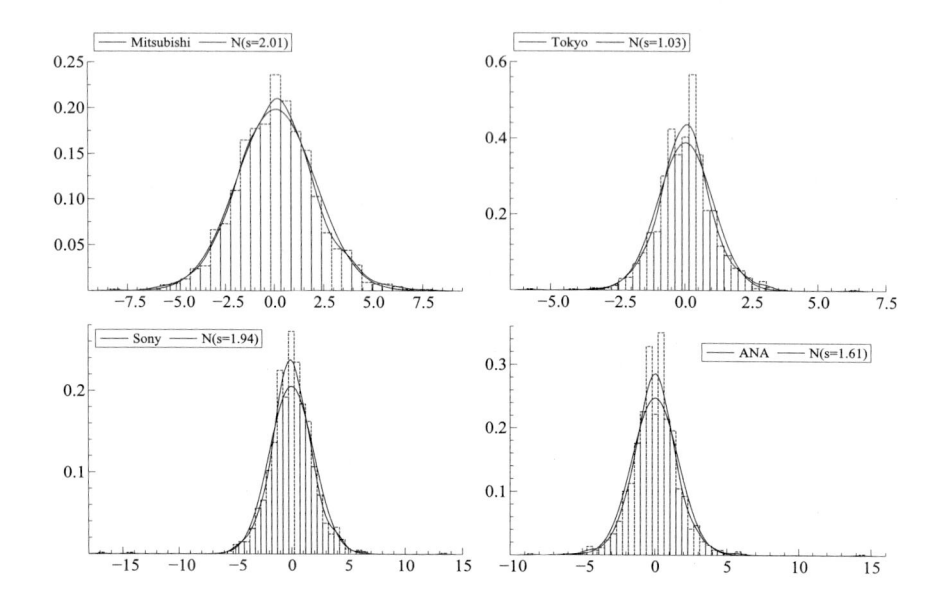

図 2.3: 株価日次収益率のヒストグラムと密度関数

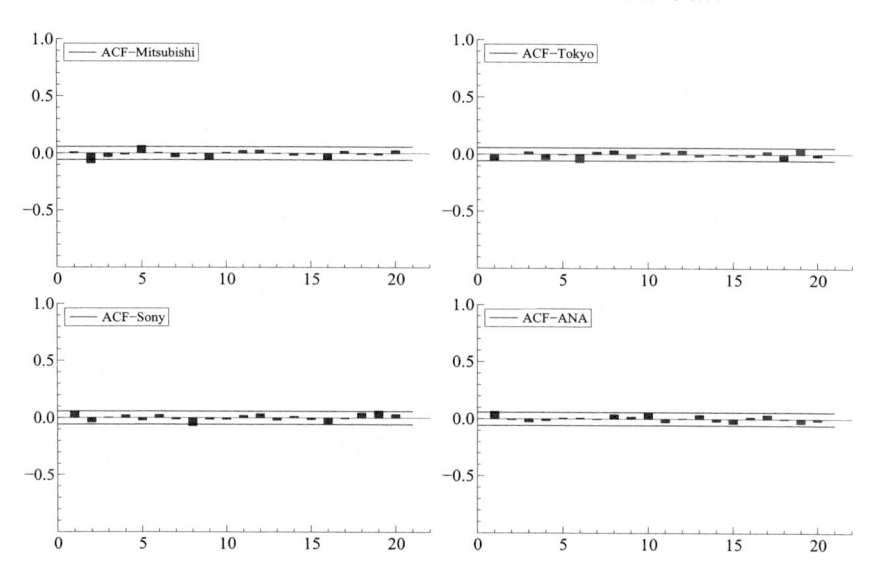

図 2.4: 株価日次収益率 ACF

第2章 EGARCH-M モデルによる個別株式の株価変動に関する分析

表 2.2: EGARCH(1,1)-M-n モデルの推定結果 (三菱商事)

$$R_t = \mu + \lambda \sigma_t + \epsilon_t, \ \epsilon_t = \sigma_t z_t, \ \sigma_t > 0, \ z_t \sim i.i.d.N(0,1),$$
$$\ln(\sigma_t^2) = \omega + \theta_1 z_{t-1} + \theta_2 \left(|z_{t-1}| - \sqrt{\pi/2}\right) + \beta_1 \ln(\sigma_{t-1}^2).$$

	μ	λ	ω	θ_1	θ_2	β_1
推定値	0.304	-0.104	0.055^*	-0.045^*	0.189^*	0.958^*
標準誤差	(0.223)	(0.122)	(0.017)	(0.018)	(0.031)	(0.013)
$\ln L$			-2542.715			

* は有意水準 5 % で有意であることを示す.

表 2.3: EGARCH(1,1)-M-GED モデルの推定結果 (三菱商事)

$$R_t = \mu + \lambda \sigma_t + \epsilon_t, \ \epsilon_t = \sigma_t z_t, \ \sigma_t > 0, \ z_t \sim GED(\eta),$$
$$\ln(\sigma_t^2) = \omega + \theta_1 z_{t-1} + \theta_2 \left(|z_{t-1}| - E|z_{t-1}|\right) + \beta_1 \ln(\sigma_{t-1}^2).$$

	μ	λ	ω	θ_1	θ_2	β_1	$\ln(\eta/2)$
推定値	0.071^*	-0.105	0.053^*	-0.048^*	0.192^*	0.959^*	-0.103
標準誤差	(0.107)	(0.046)	(0.017)	(0.020)	(0.032)	(0.013)	(0.060)
$\ln L$			-2541.301				

* は有意水準 5 % で有意であることを示す.

同様に, 三菱商事の株価収益率とラボティリティとの間には非対称性があることを示している. λ, $\ln(\eta/2)$ に関しては, 統計的に有意ではなかった. λ が有意でないということは, 上記の EGARCH(1,1)-M-n と同様に, 三菱商事の株価収益率にはリスク・プレミアムが存在しないということを意味する.

(2) 東京電力 (Tokyo)

(i) EGARCH(1,1)-M-n: θ_2, β_1, に関しては, 統計的に有意な結果となった. μ, λ, ω, θ_1, に関しては, 統計的に有意ではなかった. λ が有意でないということは, 東京電力の株価収益率にはリスク・プレミアムが存在しないということを意味する. また, θ_1 が有意でないということは, 東京電力の株価収益

表 2.4: EGARCH(1,1)-M-n モデルの推定結果 (東京電力)

$R_t = \mu + \lambda \sigma_t + \epsilon_t, \quad \epsilon_t = \sigma_t z_t, \quad \sigma_t > 0, \quad z_t \sim i.i.d.N(0,1),$
$\ln(\sigma_t^2) = \omega + \theta_1 z_{t-1} + \theta_2 \left(|z_{t-1}| - \sqrt{\pi/2} \right) + \beta_1 \ln(\sigma_{t-1}^2).$

	μ	λ	ω	θ_1	θ_2	β_1
推定値	0.071	-0.028	0.004	-0.005	0.191^*	0.967^*
標準誤差	(0.107)	(0.117)	(0.005)	(0.018)	(0.042)	(0.014)
$\ln L$		-1719.148				

$*$ は有意水準 5 ％ で有意であることを示す.

表 2.5: EGARCH(1,1)-M-GED モデルの推定結果 (東京電力)

$R_t = \mu + \lambda \sigma_t + \epsilon_t, \quad \epsilon_t = \sigma_t z_t, \quad \sigma_t > 0, \quad z_t \sim GED(\eta),$
$\ln(\sigma_t^2) = \omega + \theta_1 z_{t-1} + \theta_2 \left(|z_{t-1}| - E|z_{t-1}| \right) + \beta_1 \ln(\sigma_{t-1}^2).$

	μ	λ	ω	θ_1	θ_2	β_1	$\ln(\eta/2)$
推定値	0.039	-0.021	-0.002	-0.006	0.018^*	0.970^*	-0.324^*
標準誤差	(0.099)	(0.107)	(0.005)	(0.021)	(0.048)	(0.016)	(0.056)
$\ln L$		-1700.391					

$*$ は有意水準 5 ％ で有意であることを示す.

率とラボティリティとの間には非対称性がないことを示している.

(ii) EGARCH(1,1)-M-GED: $\theta_2, \beta_1, \ln(\eta/2)$ に関しては, 統計的に有意な結果となった. $\ln(\eta/2)$ が有意で $\ln(\eta/2) = -0.324$ という負の値を得ているので, 東京電力の株価収益率では, z_t は標準正規分布よりも裾の厚い分布に従っていることがわかる. $\mu, \lambda, \omega, \theta_1$ に関しては, 統計的に有意ではなかった. λ, θ_1 が有意でないということは, 東京電力の株価収益率にはリスク・プレミアムが存在しないということであり, また, 東京電力の株価収益率とラボティリティとの間には非対称性がないことを示している.

(3) ソニー (Sony)

(i) EGARCH(1,1)-M-n: θ_2, β_1, に関しては, 統計的に有意な結果となった. $\mu, \lambda, \omega, \theta_1$, に関しては, 統計的に有意ではなかった. λ が有意でないということは, ソニーの株価収益率にはリスク・プレミアムが存在しないということを意味する. また, θ_1 が有意でないということは, ソニーの株価収益率とボラティリティとの間には非対称性がないことを示している.

(ii) EGARCH(1,1)-M-GED: $\theta_2, \beta_1, \ln(\eta/2)$ に関しては, 統計的に有意な結果となった. $\ln(\eta/2)$ が有意で $\ln(\eta/2) = -0.316$ という負の値を得ているので, ソニーの株価収益率では, z_t は標準正規分布よりも裾の厚い分布に従っていることがわかる. $\mu, \lambda, \omega, \theta_1$ に関しては, 統計的に有意ではなかった. λ, θ_1 が有意でないということは, ソニーの株価収益率にはリスク・プレミアムが存在しないということであり, また, ソニーの株価収益率とボラティリティとの間には非対称性がないことを示している.

(4) 全日空 (ANA)

(i) EGARCH(1,1)-M-n: μ, β_1, に関しては, 統計的に有意な結果となった. $\lambda, \omega, \theta_1, \theta_2$ に関しては, 統計的に有意ではなかった. λ が有意でないということは, 全日空の株価収益率にはリスク・プレミアムが存在しないということを意味する. また, θ_1 が有意でないということは, 全日空の株価収益率

表 2.6: EGARCH(1,1)-M-n モデルの推定結果 (ソニー)

$$R_t = \mu + \lambda\sigma_t + \epsilon_t, \quad \epsilon_t = \sigma_t z_t, \quad \sigma_t > 0, \quad z_t \sim i.i.d.N(0,1),$$
$$\ln(\sigma_t^2) = \omega + \theta_1 z_{t-1} + \theta_2 \left(|z_{t-1}| - \sqrt{\pi/2}\right) + \beta_1 \ln(\sigma_{t-1}^2).$$

	μ	λ	ω	θ_1	θ_2	β_1
推定値	0.005	−0.015	0.038	−0.026	0.195*	0.973*
標準誤差	(0.196)	(0.116)	(0.013)	(0.016)	(0.031)	(0.010)
$\ln L$		−2460.405				

* は有意水準 5 % で有意であることを示す.

表 2.7: EGARCH(1,1)-M-GED モデルの推定結果 (ソニー)

$$R_t = \mu + \lambda\sigma_t + \epsilon_t, \quad \epsilon_t = \sigma_t z_t, \quad \sigma_t > 0, \quad z_t \sim GED(\eta),$$
$$\ln(\sigma_t^2) = \omega + \theta_1 z_{t-1} + \theta_2 \left(|z_{t-1}| - E|z_{t-1}|\right) + \beta_1 \ln(\sigma_{t-1}^2).$$

	μ	λ	ω	θ_1	θ_2	β_1	$\ln(\eta/2)$
推定値	0.022	−0.024	0.028	−0.021	0.018*	0.975*	−0.316*
標準誤差	(0.170)	(0.105)	(0.014)	(0.019)	(0.038)	(0.012)	(0.051)
$\ln L$		−2439.082					

* は有意水準 5 % で有意であることを示す.

表 2.8: EGARCH(1,1)-M-n モデルの推定結果 (全日空)

$$R_t = \mu + \lambda\sigma_t + \epsilon_t, \quad \epsilon_t = \sigma_t z_t, \quad \sigma_t > 0, \quad z_t \sim i.i.d.N(0,1),$$
$$\ln(\sigma_t^2) = \omega + \theta_1 z_{t-1} + \theta_2 \left(|z_{t-1}| - \sqrt{\pi/2}\right) + \beta_1 \ln(\sigma_{t-1}^2).$$

	μ	λ	ω	θ_1	θ_2	β_1
推定値	0.165*	−0.082	0.013	0.023	0.150	0.987*
標準誤差	(0.039)	(0.065)	(0.007)	(0.014)	(0.036)	(0.006)
$\ln L$		−2229.376				

* は有意水準 5 % で有意であることを示す.

表 2.9: EGARCH(1,1)-M-GED モデルの推定結果 (全日空)

$$R_t = \mu + \lambda \sigma_t + \epsilon_t, \quad \epsilon_t = \sigma_t z_t, \quad \sigma_t > 0, \quad z_t \sim GED(\eta),$$
$$\ln(\sigma_t^2) = \omega + \theta_1 z_{t-1} + \theta_2 (|z_{t-1}| - E|z_{t-1}|) + \beta_1 \ln(\sigma_{t-1}^2).$$

	μ	λ	ω	θ_1	θ_2	β_1	$\ln(\eta/2)$
推定値	0.131*	−0.077	0.008	0.012	0.138*	0.989*	−0.297*
標準誤差	(0.070)	(0.061)	(0.006)	(0.014)	(0.034)	(0.006)	(0.053)
$\ln L$		−2212.036					

* は有意水準 5 % で有意であることを示す.

とボラティリティとの間には非対称性がないことを示している.

(ii) EGARCH(1,1)-M-GED: μ, θ_2, β_1, $\ln(\eta/2)$ に関しては, 統計的に有意な結果となった. $\ln(\eta/2)$ が有意で $\ln(\eta/2) = -0.297$ という負の値を得ているので, 全日空の株価収益率では, z_t は標準正規分布よりも裾の厚い分布に従っていることがわかる. λ, ω, θ_1 に関しては, 統計的に有意ではなかった. λ, θ_1 が有意でないということは, 全日空の株価収益率にはリスク・プレミアムが存在しないということであり, また, 全日空の株価収益率とボラティリティとの間には非対称性がないことを示している.

三菱商事・東京電力・ソニー・全日空のすべての企業で株価収益率のリスク・プレミアムが統計的に有意な結果を得ることができなかった. そのため, 以下の収益率 R_t の過程を仮定して同様の実証研究を行なった.

$$R_t = \mu + \lambda \sigma^2 + \epsilon_t.$$

しかしながら, 上記の 2.3.2 項の実証結果と同様にすべての企業で λ の推定値に対して統計的に有意な結果は得られなかった.

2.4 結論と今後の課題

本章では，EGARCH(1,1)-M モデルを用いて三菱商事・東京電力・ソニー・全日空の 4 つの企業の個別株式の株価変動の分析を行なった．特に，株価収益率とボラティリティとの間の非対称性と株価収益率のリスク・プレミアムに焦点を当て実証的に検証を行なったものである．本章で得られた主な結果を纏めると次のようになる．

1. 三菱商事の株価収益率とボラティリティとの間の非対称性が観察できた．東京電力・ソニー・全日空の株価収益率とボラティリティとの間の非対称性を観測することができなかった．
2. 三菱商事・東京電力・ソニー・全日空のすべての企業で株価収益率のリスク・プレミアムを観測することはできなかった．
3. 東京電力・ソニー・全日空の株価収益率において，z_t の分布は標準正規分布よりも裾の厚い分布に従っている．

今後の課題としては，

1. 個別銘柄の銘柄数を増やして実証研究を行なう．
2. 株価収益率とボラティリティとの非対称性をモデル化している他の ARCH 型モデルとして，Glosten et al. (1993) の GJR モデル[12] を用いて同様の実証研究を行なう．
3. 多くの株式市場では月曜日にボラティリティが他の曜日に比べて高くなる傾向があるなどの特徴があるので，曜日効果 (seasonal effects) を定式化し

---

[12] GJR モデルは，以下のように定式化される．

$$\sigma_t^2 = \omega + \sum_{j=1}^{p} \beta_j \sigma_{t-j}^2 + \sum_{i=1}^{q} \left(\alpha_i \epsilon_{t-i}^2 + \gamma_i D_{t-i}^- \epsilon_{t-i}^2 \right),$$

$$D_{t-1}^- = \begin{cases} 1 & \epsilon_{t-1} < 0, \\ 0 & \text{otherwise.} \end{cases}$$

D_{t-i}^- は，ϵ_{t-i} が負のときには 1，それ以外のときには 0 であるダミー変数である．

たモデルを用いる[13]．

などが考えられる．

個別株式の変動の特徴を捉える分析は，個別株オプションの分析に不可欠であり，また，今後日本でも個別株先物取引[14] が導入される可能性があるので多くの実証研究が行なわれることが期待される．

---

[13] 例えば, Noh *et al.* (1994) は曜日効果を捉えるために以下のような GARCH-S (seasonal GARCH) を用いている．

$$\sigma_t^2 = n_t^\delta \left[\omega + n_{t-1}^{-\delta} \left(\sum_{i=1}^q \alpha_i \epsilon_{t-i}^2 + \sum_{j=1}^p \beta_j \sigma_{t-j}^2 \right) \right]. \tag{2.4.1}$$

n_t は $(t-1)$ 営業日と t 営業日との間の「休業日数+1」(t 営業日の何日前が $(t-1)$ 営業日となるかを示す), δ は t 営業日でのボラティリティのスピードを表す．例えば，「$t = $ 月曜日」で前営業日が金曜日ならば，$n_t = 3$ であり，ボラティリティは n_t^δ 倍増加する．

[14] 例えば，アメリカの個別株先物に関しては, 吉川 (2006) を参照．

第3章　G@RCHによる資産価格の時系列分析

3.1　はじめに

　金融・証券市場における実証分析, 特に, 時系列分析を行なう際には, 金融データ系列の特性が非線形ということもあり十分注意が必要である. 従来の線形性を仮定したモデルを金融データ系列に適用することは誤りであると考えられる. 近年, パッケージ・ソフトの開発により非線形モデルを容易に推定することが可能となってきている. データを揃えるだけで簡単に非線形モデルの推定・検定を行なうことができる. 統計分析ソフトを利用する場合に, 推定法など詳しい理論的な側面を理解せずに安易に用いることが多々ある. そこで, 本研究では非線形モデル, 特に ARCH 型モデルを推定できる統計分析ソフト $G@RCH$ [1)] に関してどの程度まで金融時系列分析に利用することが可能かを検証し, $G@RCH$ の特性を明らかにする. $G@RCH$ では, かなり高度な時系列モデルを利用可能であり, 金融・証券市場の実証研究に広く応用が可能であり有益であると考えられる.

　$G@RCH$ で利用可能な ARCH 型モデルは, ARCH モデル, GARCH モデル, EGARCH モデル, GJR モデル, APARCH モデル, IGARCH モデル, FIGARCH モデル, FIEGARCH モデル, FIAPARCH モデル, HYGARCH モデ

---

† 本章は, 三井 (2010) の論文を加筆・修正したものである.
[1)] 詳しくは, Laurent and Peters (2006) を参照.

ル, RiskMetrics である. 本研究では, 株式市場で観察される収益率とボラティリティとの非対称な動きを捉えるため Glosten et al. (1993) の GJR モデルを利用する. 他の金融資産でも同様な非対称な動きがあるかどうかを検証する. また, 資産価格収益率のリスク・プレミアムを捉えるために, 収益率の過程にボラティリティを説明変数として組み込んで定式化した GJR-M (in-the-mean) により実証研究を行なった. また, 資産価格収益率の分布は正規分布に比べると裾が厚い分布に従うことが知られている. そのため, 本研究では GJR-M モデルには t 分布を仮定してモデルの推定を行なった.

実証分析を進めるにあたっては, 2000 年 1 月 4 日から 2009 年 12 月 25 日までの米ドル/円為替レート (US Dollar / Yen), ユーロ/円為替レート (Euro / Yen), 日経平均株価 (Nikkei 225), TOPIX と 2000 年 1 月 3 日から 2009 年 12 月 24 日のニューヨーク・ダウ工業株 30 種平均 (Dow 30), S&P 500, ニューヨーク WTI (West Texas Intermediate) 原油先物価格 (WTI Oil), ニューヨーク金先物価格 (NY Gold) の日次データを用いて実証的な検証を行なった[2]. 本研究の実証分析の結果として, 主に次の 2 つの結果が得られた. (1) 資産価格収益率とボラティリティとの間の非対称性が観測できたのは, Nikkei 225, TOPIX, Dow 30, S&P 500 の株価指数であり, 外国為替レートである US Dollar / Yen, Euro / Yen と Commodity の WTI Oil, NY Gold では非対称性を観測することができなかった. (2) 全ての資産価格収益率においてリスク・プレミアムを観測することはできなかった.

本章の以下の構成は次の通りである. 3.2 節では, $G@RCH$ 4.2 で推定可能なモデル・情報量基準・誤差項に関して簡単に紹介し, 本研究で用いた GJR-M モデルについて説明を行なう. 3.3 節では, 本研究で利用した US Dollar/Yen, Euro/Yen, Nikkei 225, TOPIX, Dow 30, S&P 500, WTI Oil, NY Gold のデータと GJR-M モデルによる実証結果に関して述べる. 最後の 3.4 節では, まとめと今後の課題について述べる.

---

[2]資産の選択は筆者の独断で選択した.

3.2 分析モデル

3.2.1 G@RCH による ARCH 型モデルの分析

G@RCH 4.2 により推定できる ARCH 型モデルは以下の通りである.

1. ARCH (Autoregressive Conditional Heteroskedasticity) モデル: Engle (1982)
2. GARCH (Generalized ARCH) モデル: Bollerslev (1986)
3. EGARCH (Exponential GARCH) モデル: Nelson (1991)
4. GJR (Glosten Jagannathan Runkle) モデル: Glosten et al. (1993)
5. APARCH (Asymmetric Power ARCH) モデル: Ding et al. (1993)
6. IGARCH (Integrated GARCH) モデル: Engle and Bollerslev (1986)
7. FIGARCH (Fractionally IGARCH) モデル: Baillie et al. (1996)
8. FIEGARCH (Fractionally IEGARCH) モデル: Bollerslev and Mikkelsen (1996)
9. FIAPARCH (Fractionally IAPARCH) モデル: Tse (1998)
10. HYGARCH (Hyperboric GARCH) モデル: Davidson (2001)
11. RiskMetrics: J. P. Morgan (1996)

G@RCH 4.2 では, これらのモデルを最尤法により推定を行なうことができる. また収益率の過程は基本的には以下の 3 つの過程に分けて記述できる.

$$R_t = \mu + \epsilon_t, \tag{3.2.1}$$

$$R_t = \mu + \lambda\sigma + \epsilon_t, \tag{3.2.2}$$

$$R_t = \mu + \lambda\sigma^2 + \epsilon_t. \tag{3.2.3}$$

定数項 μ は期待収益率, ϵ_t は誤差項であり, λ はリスク・プレミアム[3]を捉えるパラメータである.

---

[3] リスク資産の期待収益率と無リスク資産収益率との差をリスク・プレミアムと呼ぶ. 収益率の過程にボラティリティを説明変数として組み込んで定式化している.

3.2.2 GJR-M モデル

本研究では, Glosten et al. (1993) の GJR モデルを用いて資産価格データの分析を行なった. 株式市場には, 株価収益率とボラティリティとの間の関係として, 株価収益率が下落すると次期にはボラティリティは上昇し, 株価収益率が上昇すると次期にはボラティリティは下落するというある種の非対称な動きがある. この現象は, レバレッジ・エフェクトと呼ばれる. そこで本研究では, 様々の種類の資産価格収益率とボラティリティとの間にある種の非対称性が観測できるのかどうかを実証的に検証を行ないたいため GJR モデルを利用する.

離散時間の経済で R_t を時点 t での株価収益率とするとき, 資産収益率 R_t の過程を以下のようにおく.

$$R_t = \mu + \lambda \sigma^2 + \epsilon_t, \tag{3.2.4}$$

$$\epsilon_t = \sigma_t z_t, \quad \sigma_t > 0, \tag{3.2.5}$$

$$z_t \sim i.i.d., E[z_t] = 0, Var[z_t] = 1. \tag{3.2.6}$$

ここで, 収益率 R_t に自己相関は無いと仮定する. $i.i.d.$ は, 過去と独立で同一な分布を表す. $E[\cdot]$ は期待値, $Var[\cdot]$ は分散を各々表す. ボラティリティ σ の過程は, 以下の GJR (p,q) モデルに従うとする. ϵ_{t-1} が負のときには 1, それ以外のときには 0 であるダミー変数 (dummy variable) D_{t-1}^- を用いることにより, ボラティリティの非対称性を捉えるように定式化されている.

$$\sigma_t^2 = \omega + \sum_{i=1}^{q}(\alpha \epsilon_{t-i}^2 + \gamma D_{t-i}^- \epsilon_{t-i}^2) + \sum_{j=1}^{p} \beta \sigma_{t-j}^2, \tag{3.2.7}$$

$$D_{t-1}^- = \begin{cases} 1 & \epsilon_{t-1} < 0, \\ 0 & \text{otherwise}. \end{cases}$$

$\gamma > 0$ ならば, 資産価格が上昇した日の翌日よりも, 資産価格が下落した日の翌日の方がボラティリティは上昇する. (3.2.4) – (3.2.7) 式で記述されるモデルを GJR (p,q)-M モデルと呼ぶ.

ARCH型モデルの次数選択は，一般的にAICなどの情報量基準に基づいて選択を行なう．G@RCH 4.2では，Akaike, Hannan - Quinn, Schwartz, Shibataの4つの情報量基準を計算することが可能である．最尤法によってパラメータを推定した場合，各々の情報量基準は次のように計算される．

1. Akaike $= -2\dfrac{\ln L}{T} + 2\dfrac{k}{T}$

2. Hannan $-$ Quinn $= -2\dfrac{\ln L}{T} + 2\dfrac{k\ln[\ln(T)]}{T}$

3. Schwartz $= -2\dfrac{\ln L}{T} + 2\dfrac{\ln(k)}{T}$

4. Shibata $= -2\dfrac{\ln L}{T} + \ln\left(\dfrac{T+2k}{T}\right)$

$\ln L$は推定されたパラメータの下で評価した対数尤度，kは推定されたパラメータの数，Tは標本数である．過去の実証研究においてボラティリティ変動過程の次数を多くしてもあまりパフォーマンスは改善されないことが示されているので，本研究では，GJR(1,1)モデルを用いて分析を行なうこととする．

GJR(1,1)モデルは以下のように記述される．

$$\sigma_t^2 = \omega + \beta\sigma_{t-1}^2 + \alpha\epsilon_{t-1}^2 + \gamma D_{t-1}^{-}\epsilon_{t-1}^2, \tag{3.2.8}$$

$$D_{t-1}^{-} = \begin{cases} 1 & \epsilon_{t-1} < 0, \\ 0 & \text{otherwise.} \end{cases}$$

本研究では (3.2.4) – (3.2.6) 式，(3.2.8) 式で記述される GJR(1,1)-M モデルを用いる．

3.2.3 z_t の分布の仮定

G@RCH 4.2 では，(3.2.6) 式の z_t の仮定として以下の4種類を選択できる．

1. 標準正規分布 (standard normal distribution)

2. t 分布 (Student-t distribution)

3. GED 分布 (Generalied Error Distribution)

4. skewed-Student t distribution

資産価格収益率の分布は正規分布よりも裾の厚い分布に従っていることが知られている．実際，多くの先行研究では，誤差項の分布に正規分布よりも尖度の高い分布を用いたほうが当てはまりが良いとの結果が得られている．したがって，本研究では，誤差項の分布 t 分布を適用する．誤差項が t 分布[4]に従う場合，(3.2.6) 式の z_t は，

$$z_t \sim i.i.d.t\,(0,1,\nu) \tag{3.2.9}$$

となる．ここでは z_t の分散は 1 に基準化されている．ν は自由度であり，$2 \leq \nu \leq \infty$ となる．このとき尤度関数は以下のようにに記述される．

$$L = T\left\{\ln \Gamma\left(\frac{\nu+1}{2}\right) - \Gamma\left(\frac{\nu}{2}\right) - \frac{1}{2}\ln[\pi(\nu-2)]\right\}$$
$$- \frac{1}{2}\sum_{t=1}^{T}\left[\ln(\sigma^2) + (1+\nu)\ln\left(1+\frac{z_t^2}{\nu-2}\right)\right] \tag{3.2.10}$$

$\Gamma(\cdot)$ は，ガンマ関数である．

本研究では，(3.2.4), (3.2.5), (3.2.8), (3.2.9) 式からなる GJR(1,1)-M モデルにより実証研究を行なう．

3.3 データと実証結果

3.3.1 データ

本研究では，金融資産価格として US Dollar / Yen, Euro / Yen, Nikkei 225, TOPIX, Dow 30, S&P 500, WTI Oil, NY Gold の日次データを使用し，日経

---

[4]t 分布の確率密度関数は以下のように与えられる．

$$f(x) = \frac{\Gamma\left[(\nu+1)/2\right]}{\sqrt{\pi\nu}\,\Gamma\left(\nu/2\right)}\frac{1}{\sqrt{\sigma^2}}\left\{1+\frac{(x-\mu)^2}{\nu\sigma^2}\right\}^{-(\nu+1)/2}, \quad \nu > 0$$

ここで，$\Gamma(\cdot)$ はガンマ関数である．

第 3 章 G@RCH による資産価格の時系列分析

NEEDS-FinancialQuest からデータを取得した. これらのデータを利用して 3.2 節の GJR-M モデルのパラメータの推定を行なった. 標本期間は, US Dollar / Yen, Euro / Yen, Nikkei 225, TOPIX は, 2000 年 1 月 4 日から 2009 年 12 月 25 日までであり, Dow 30, S&P 500, WTI Oil, NY Gold は 2000 年 1 月 3 日から 2009 年 12 月 24 日までである (図 3.1 − 図 3.4 を参照). 資産収益率は, t 時点の株価を P_t とし, $R_t = (\ln P_t - \ln P_{t-1}) \times 100$ (%) として計算を行なった (図 3.5 を参照). 標本期間は, US Dollar / Yen, Euro / Yen, Nikkei 225, TOPIX は 2000 年 1 月 4 日から 2009 年 12 月 24 日まで, 標本数は 2,454 である. Dow 30, S&P 500 は 2000 年 1 月 3 日から 2009 年 12 月 23 日まで, 標本数は 2,510 であり WTI Oil, NY Gold は 2000 年 1 月 3 日から 2009 年 12 月 23 日まで, 標本数は 2,494 である. データの基本統計量は, 表 3.1 に纏められている. データの基本統計量の計算は, $PcGive$ により行なった[5]. $PcGive$ は, $G@RCH$ と同様に $OxMetrics$ [6] family の一部である. 詳しくは, Laurent and Peters (2002), Doornik (2006), ヘンドリー・ドーニック (2006) を参照して頂きたい.

尖度[7]については, US Dollar / Yen, Euro / Yen, Nikkei 225, TOPIX, Dow 30, S&P 500, WTI Oil, NY Gold のすべての金融資産で 3 を超えていることから, また, 正規性検定が有意なことから, これらの金融資産収益率の分布は正規分布よりも裾が厚いことがわかる. また, 収益率のヒストグラム・密度関数 は, 図 3.6 に描かれている. ここでは, 密度関数ととに正規近似が重ねて描かれている. 例えば, US Dollar / Yen に関して, $N(s = 0.672)$ は, 表 3.1 より正規近似が平均 -0.005, 図 3.6 より分散が 0.672^2 の正規分布 $N(-0.005, 0.672^2)$ に従うことを表している. 標本自己相関, スペクトル密度 (spectral density), ピリオドグラム (periodogram) を各々, 図 3.7 − 図 3.9 で示す.

---

[5] 本研究では, 図の作成も $PcGive$ により行なっている. $G@RCH$ や $PcGive$ により作成したファイルは ".eps" ファイルで LaTeX に取り込むことができる.
[6] 詳しくは, Doornik (2006) を参照.
[7] $PcGive$ では, 尖度の値は超過尖度 (excess kurtosis)

$$\hat{kurt}^{超過} = \frac{1}{T}\sum_{i=1}^{T}\frac{(R_i - \hat{\mu})^4}{\hat{\sigma}^4} - 3$$

を標本尖度として定義しているので注意が必要である. 本研究では, $+3$ をして表に掲載した.

表 3.1: 株価収益率 R_t (%) の基本統計量

標本期間：2000 年 1 月 5 日 – 2009 年 1 月 25 日 (US Dollar/Yen, Euro/Yen, Nikkei 225, TOPIX)

標本期間：2000 年 1 月 4 日 – 2009 年 12 月 24 日 (Dow 30, S&P 500, WTI Oil, NY Gold)

	標本数	平均	標準偏差	歪度	尖度	最大	最小	漸近性検定	正規性検定
US Dollar/Yen	2,454	−0.005	0.672	−0.336	5.370	3.274	−3.570	620.39*	289.80*
Euro/Yen	2,454	0.009	0.851	−0.281	9.863	5.953	−5.710	4846.6*	1473.5*
Nikkei 225	2,454	−0.024	1.638	−0.300	9.237	13.24	−12.11	4012.2*	1282.2*
TOPIX	2,454	−0.026	1.485	−0.234	8.730	12.89	−10.01	3378.3*	1168.9*
Dow 30	2,510	−0.003	1.317	0.017	10.523	10.51	−8.201	5919.2*	1784.6*
S&P 500	2,510	0.010	1.401	−0.104	10.629	10.96	−9.470	6090.7*	1806.4*
WTI Oil	2,494	0.045	2.645	−0.202	6.864	16.41	−16.55	1568.7*	683.01*
NY Gold	2,494	0.054	1.217	0.316	8.195	8.589	−7.558	2812.3*	1065.4*

* は有意水準 5 ％で有意であることを示す．

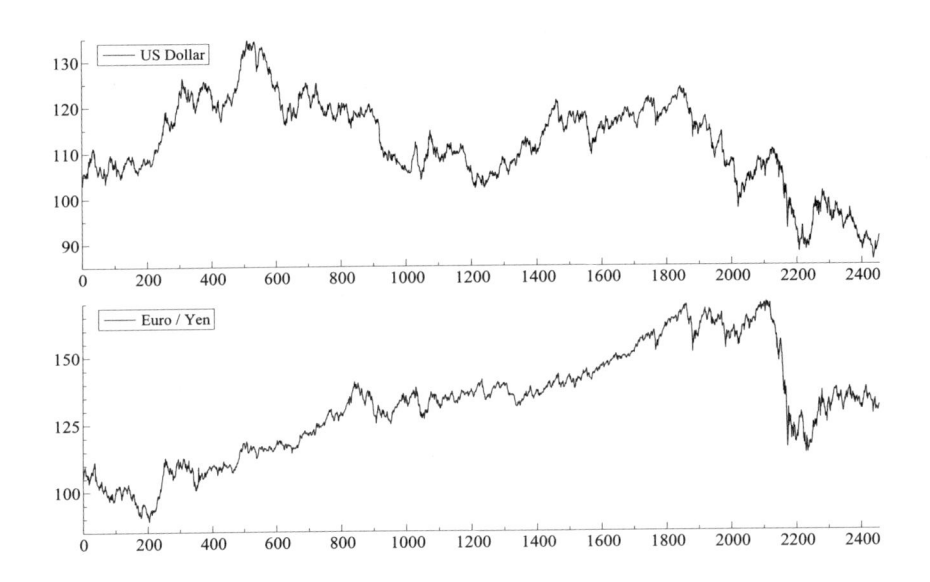

第3章 G@RCH による資産価格の時系列分析   39

図 3.1: 米ドル/円為替レート・ユーロ/円為替レート (2000/1/4 – 2009/12/25)

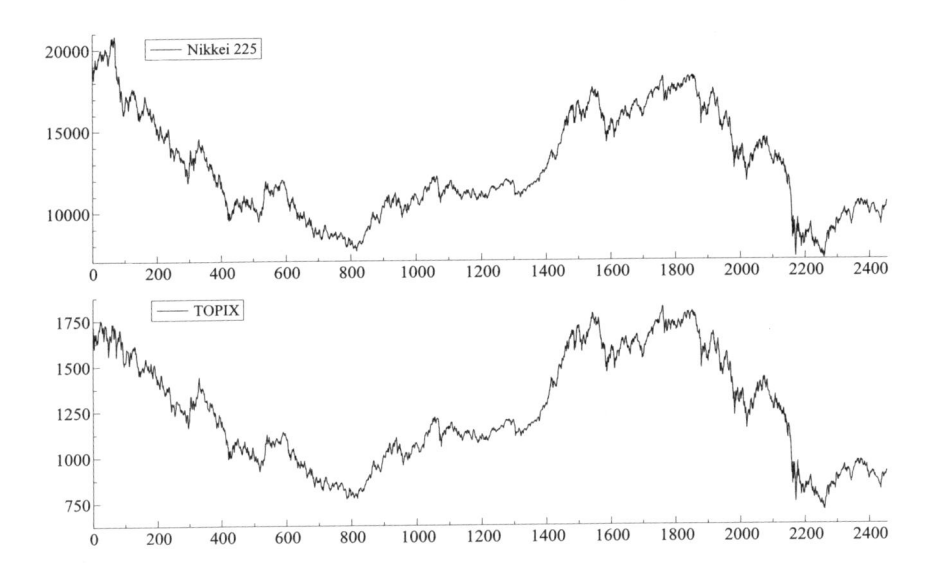

図 3.2: 日経 225・TOPIX 終値 (2000/1/4 – 2009/12/25)

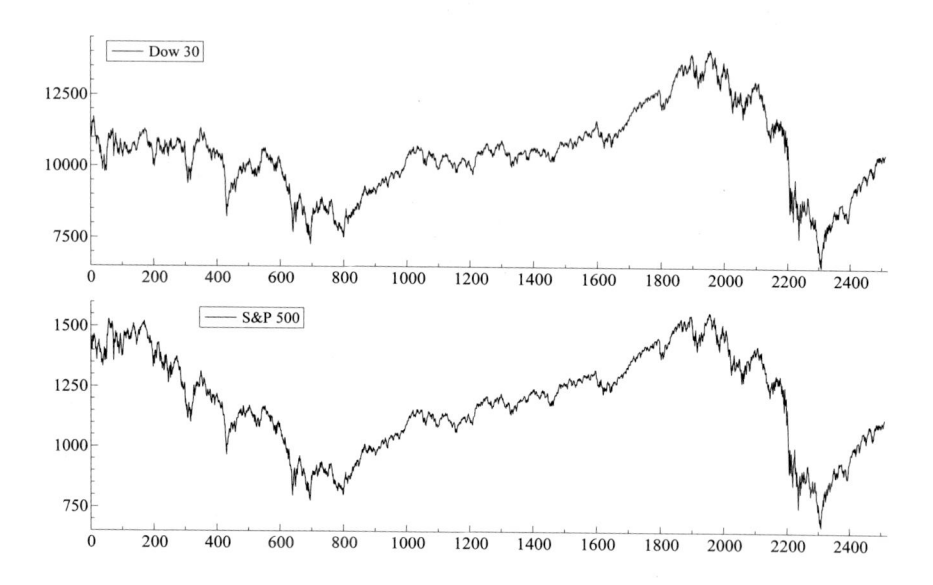

図 3.3: ダウ工業株 30・S&P 500 終値 (2000/1/4 – 2009/12/24)

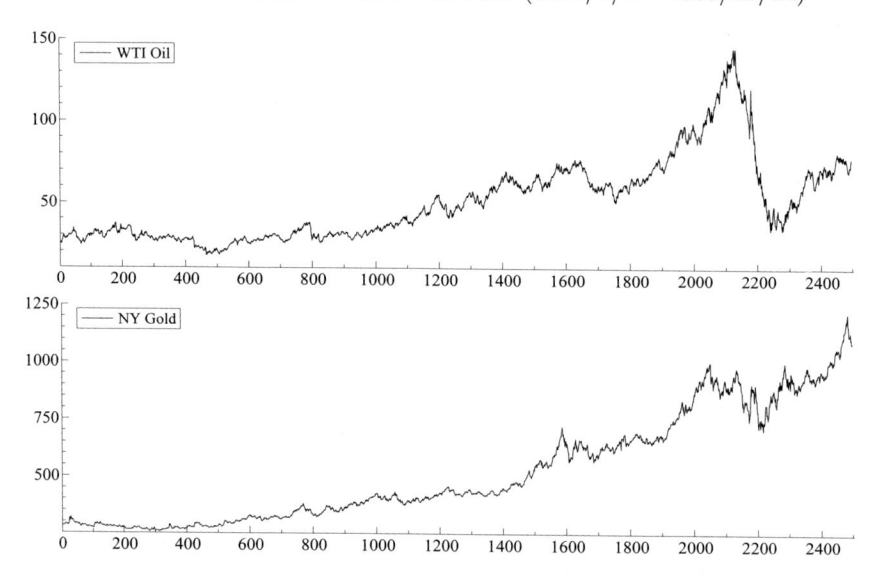

図 3.4: WTI 原油先物価格・金価格 [期近] (2000/1/4 – 2009/12/24)

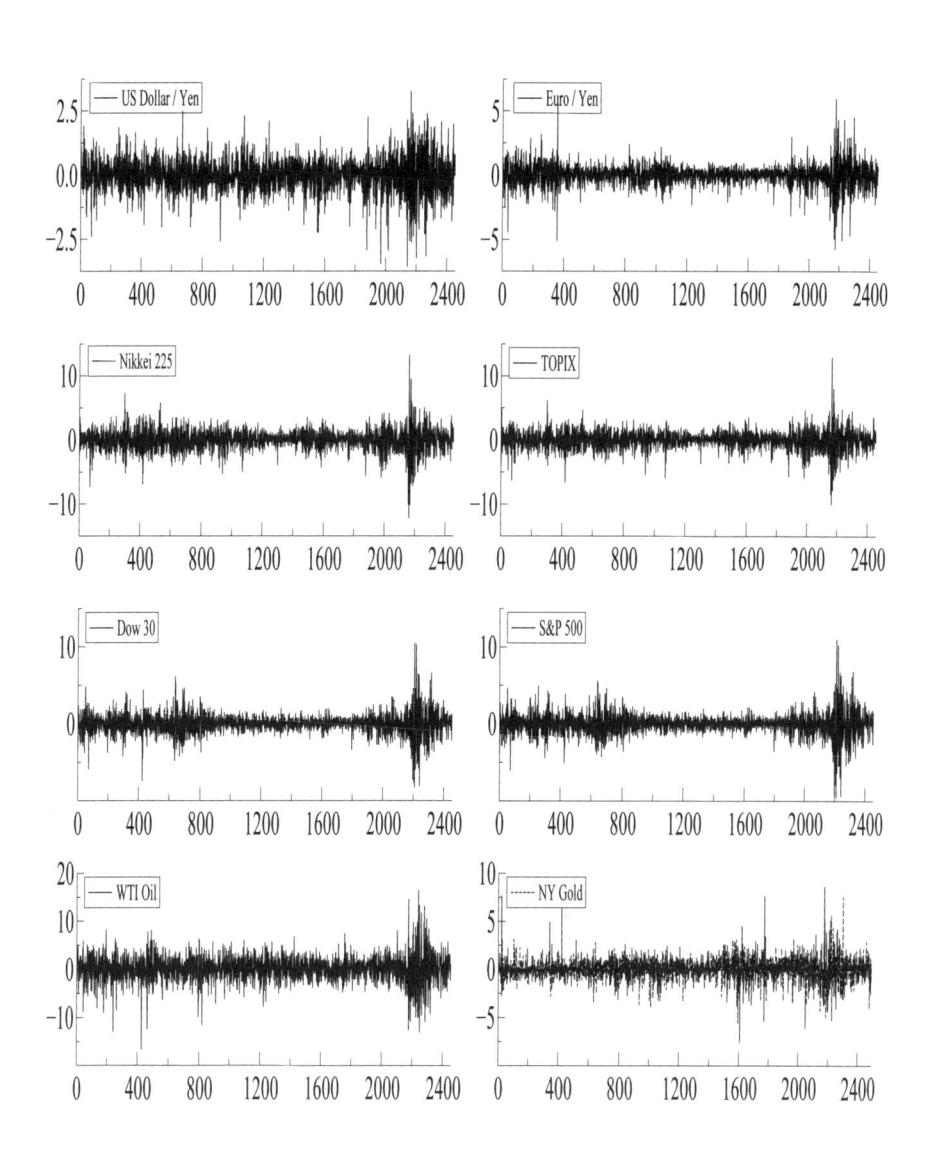

第 3 章 G@RCH による資産価格の時系列分析

図 3.5: 資産価格収益率

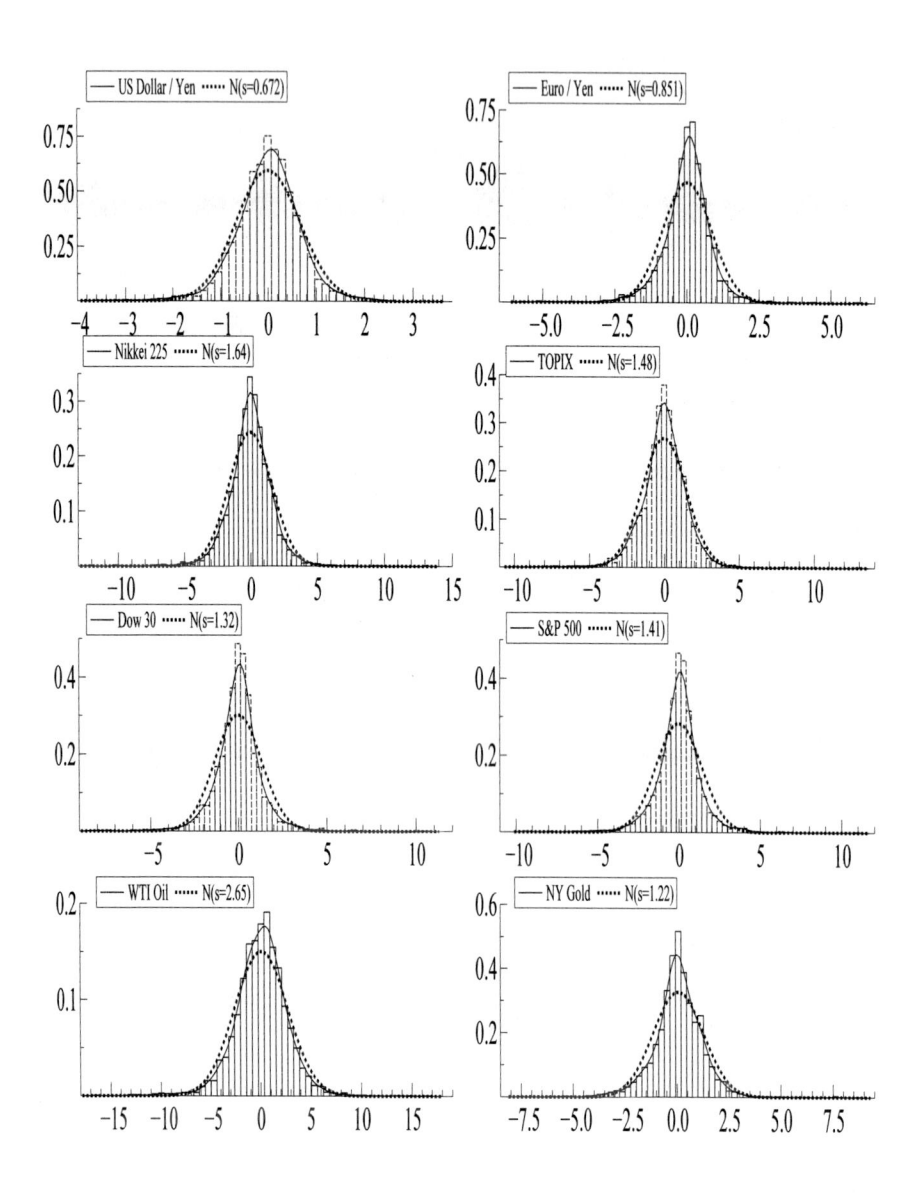

図 3.6: ヒストグラム・密度関数

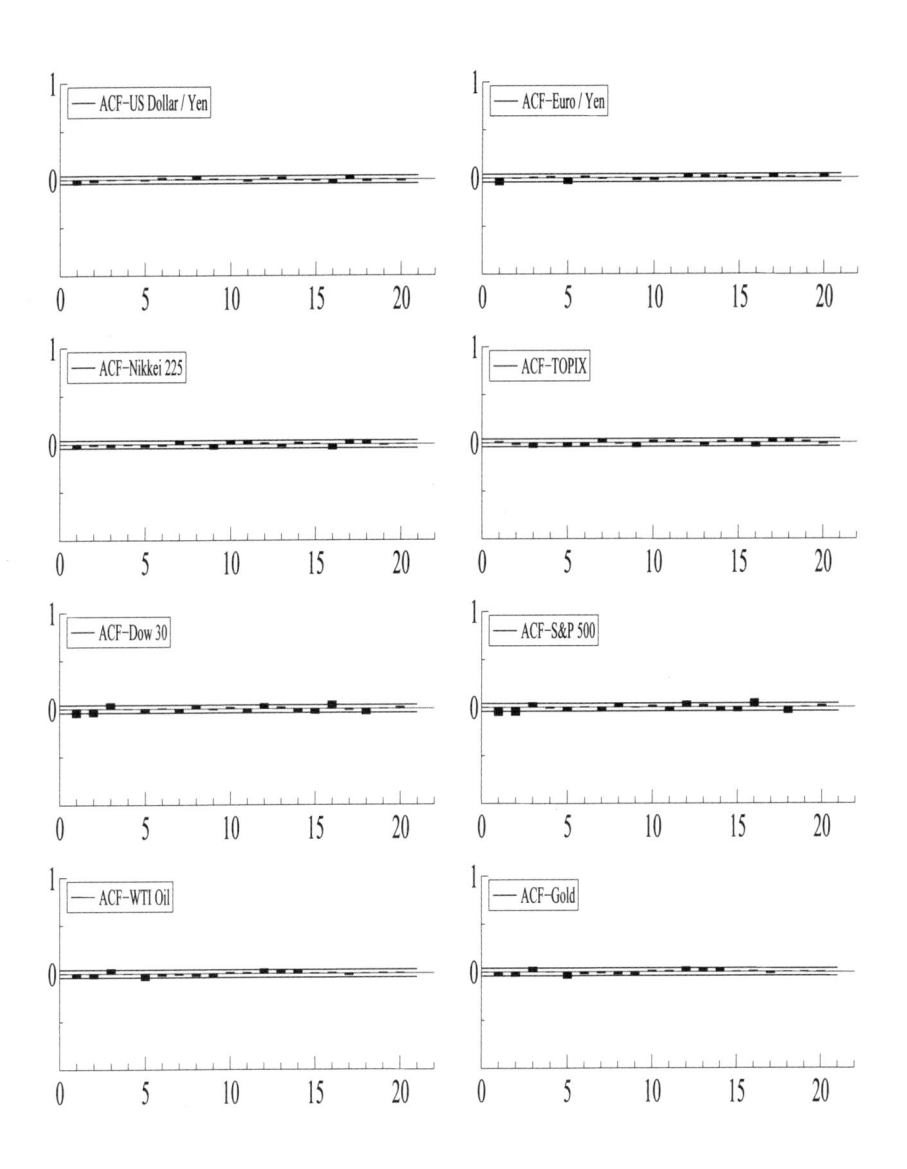

図 3.7: 標本自己相関

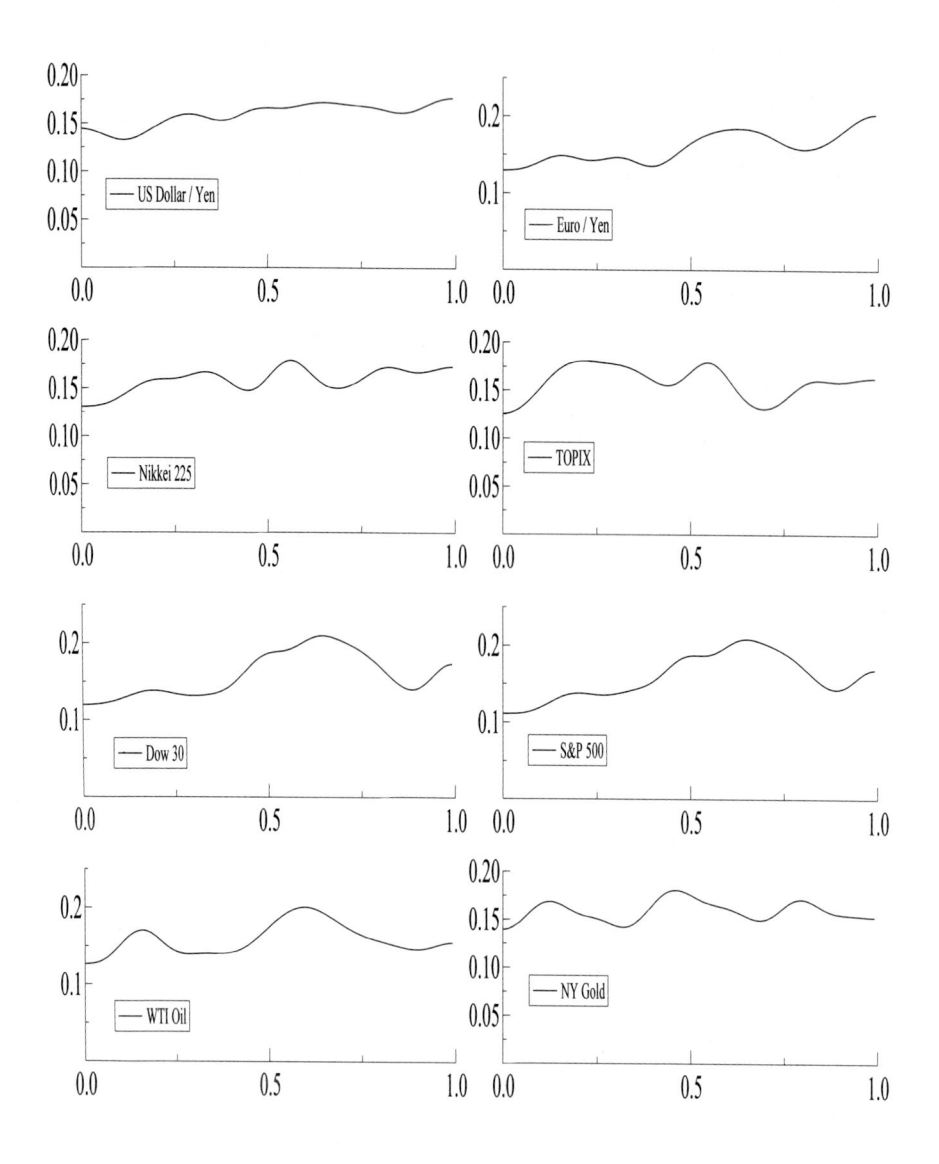

図 3.8: スペクトル密度

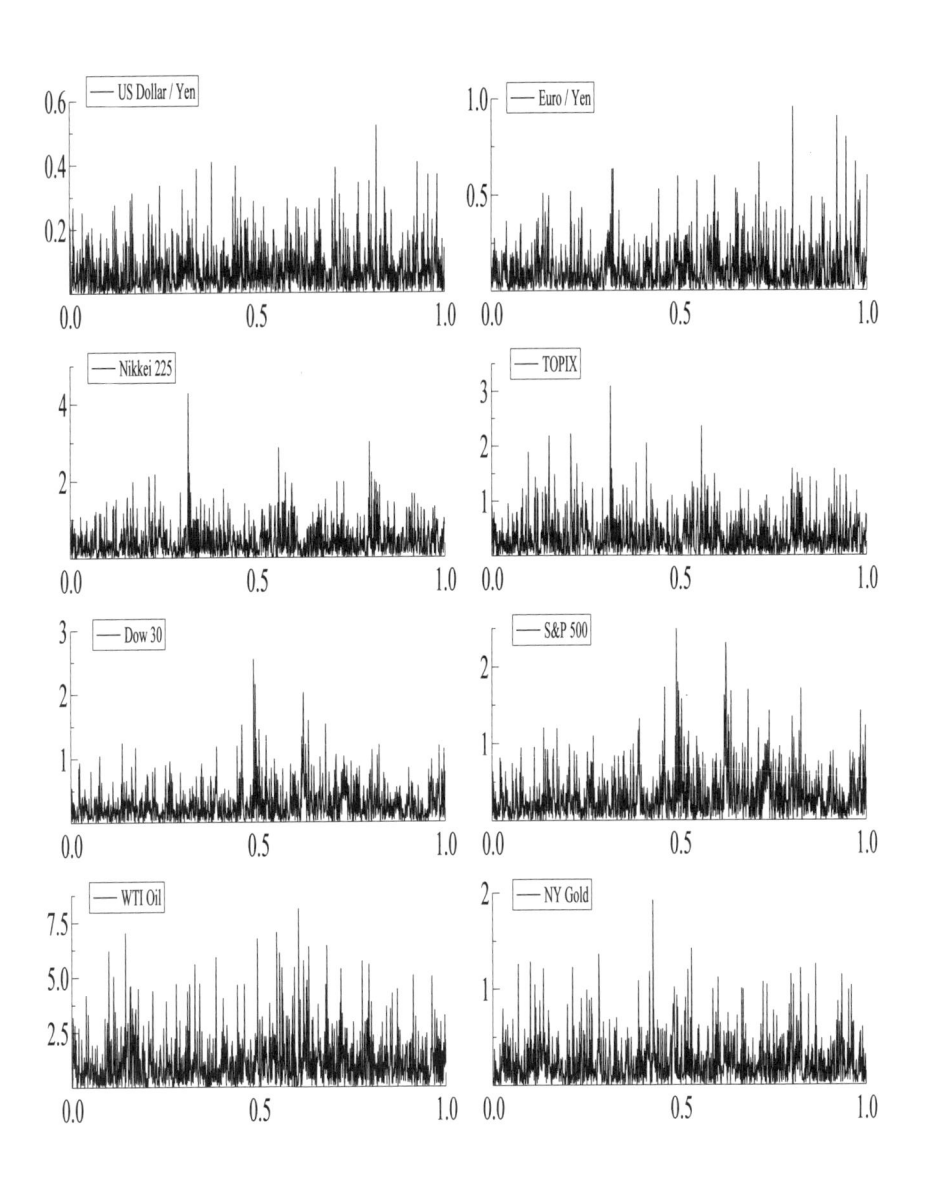

第3章 G@RCH による資産価格の時系列分析　　　　　　　　　　　　　　　　45

図 3.9: ピリオドグラム

3.3.2 実証結果

本研究の実証結果は, 表 3.2 – 表 3.9 に纏められている. 推定結果を纏めると以下のようになる.

(1) 米ドル/円為替レート (US Dollar / Yen)

$\omega, \alpha, \beta, \nu$ に関しては, 統計的に有意な結果となった. μ, λ, γ に関しては, 統計的に有意ではなかった. λ が有意でないということは, US Dollar / Yen 収益率にはリスク・プレミアムが存在しないということを意味する. また, γ が有意でないということは, US Dollar / Yen 収益率とボラティリティとの間には非対称性がないことを示している.

(2) ユーロ/円為替レート (Euro / Yen)

μ, α, β, ν に関しては, 統計的に有意な結果となった. λ, ω, γ に関しては, 統計的に有意ではなかった. λ が有意でないということは, Euro / Yen 収益率にはリスク・プレミアムが存在しないということを意味する. また, γ が有意でないということは, Euro / Yen 収益率とボラティリティとの間には非対称性がないことを示している.

(3) 日経平均株価 (Nikkei 225)

$\omega, \alpha, \gamma, \beta, \nu$ に関しては, 統計的に有意な結果となった. γ が有意であるということは, 日経平均株価収益率とボラティリティとの間には非対称性があることを示している. μ, λ に関しては, 統計的に有意ではなかった. λ が有意でないということは, 日経平均株価収益率にはリスク・プレミアムが存在しないということを意味する.

(4) TOPIX

$\omega, \alpha, \gamma, \beta, \nu$ に関しては, 統計的に有意な結果となった. γ が有意であるということは, TOPIX 収益率とボラティリティとの間には非対称性があることを示している. μ, λ に関しては, 統計的に有意ではなかった. λ が有意でないという

ことは, TOPIX 収益率にはリスク・プレミアムが存在しないということを意味する.

(5) ニューヨーク・ダウ工業株 30 種平均 (Dow 30)
$\omega, \gamma, \beta, \nu$ に関しては, 統計的に有意な結果となった. γ が有意であるということは, Dow 30 収益率とボラティリティとの間には非対称性があることを示している. μ, α, λ に関しては, 統計的に有意ではなかった. λ が有意でないということは, Dow 30 収益率にはリスク・プレミアムが存在しないということを意味する.

(6) S&P 500
$\omega, \alpha, \gamma, \beta, \nu$ に関しては, 統計的に有意な結果となった. γ が有意であるということは, S&P 500 収益率とボラティリティとの間には非対称性があることを示している. μ, λ に関しては, 統計的に有意ではなかった. λ が有意でないということは, S&P 500 収益率にはリスク・プレミアムが存在しないということを意味する.

(7) ニューヨーク WTI 原油先物価格 (WTI Oil)
ω, β, ν に関しては, 統計的に有意な結果となった. $\mu, \alpha, \lambda, \gamma$ に関しては, 統計的に有意ではなかった. λ が有意でないということは, WTI Oil 収益率にはリスク・プレミアムが存在しないということを意味する. また, γ が有意でないということは, WTI Oil 収益率とボラティリティとの間には非対称性がないことを示している.

(8) ニューヨーク金先物価格 (NY Gold)
$\omega, \alpha, \beta, \nu$ に関しては, 統計的に有意な結果となった. μ, λ, γ に関しては, 統計的に有意ではなかった. λ が有意でないということは, NY Gold 収益率にはリスク・プレミアムが存在しないということを意味する. また, γ が有意でない

表 3.2: GJR(1,1)-M モデルの推定結果 (US Dollar/Yen)

$R_t = \mu + \lambda \sigma_t^2 + \epsilon_t, \quad \epsilon_t = \sigma_t z_t, \quad \sigma_t > 0, \quad z_t \sim i.i.d.t(0,1,\nu),$
$\sigma_t^2 = \omega + \alpha_1 \epsilon_{t-1}^2 + \gamma D_{t-1}^- \epsilon_{t-1}^2 + \beta_1 \sigma_{t-1}^2.$

	μ	λ	ω	α_1	γ	β_1	ν
推定値	0.022	−0.028	0.008*	0.040*	0.025	0.929*	8.181*
t 値	(0.747)	(−0.390)	(2.127)	(3.489)	(1.454)	(46.38)	(6.628)
$\ln L$		−2306.975					

∗ は有意水準 5 ％で有意であることを示す.

表 3.3: GJR(1,1)-M モデルの推定結果 (Euro/Yen)

$R_t = \mu + \lambda \sigma_t^2 + \epsilon_t, \quad \epsilon_t = \sigma_t z_t, \quad \sigma_t > 0, \quad z_t \sim i.i.d.t(0,1,\nu),$
$\sigma_t^2 = \omega + \alpha_1 \epsilon_{t-1}^2 + \gamma D_{t-1}^- \epsilon_{t-1}^2 + \beta_1 \sigma_{t-1}^2.$

	μ	λ	ω	α_1	γ	β_1	ν
推定値	0.055*	−0.025	0.004	0.057*	0.012	0.931*	6.678*
t 値	(3.255)	(−0.839)	(1.652)	(3.132)	(0.724)	(46.24)	(7.788)
$\ln L$		−2572.005					

∗ は有意水準 5 ％で有意であることを示す.

ということは, NY Gold 収益率とボラティリティとの間には非対称性がないことを示している.

3.4　結論と今後の課題

本章では, GJR (1,1)-M モデルを用いて US Dollar / Yen, Euro / Yen, Nikkei 225, TOPIX, Dow 30, S&P 500, WTI Oil, NY Gold の分析を統計・時系列分析ソフト G@RCH 4.2 を利用して行なった. 特に, 資産収益率とボラティリティとの間の非対称性と資産収益率のリスク・プレミアムに焦点を当て実証的に検証を行なったものである. 本章で得られた主な結果を纏めると次のようになる.

表 3.4: GJR(1,1)-M モデルの推定結果 (Nikkei 225)

$R_t = \mu + \lambda\sigma_t^2 + \epsilon_t, \quad \epsilon_t = \sigma_t z_t, \quad \sigma_t > 0, \quad z_t \sim i.i.d.t(0,1,\nu),$
$\sigma_t^2 = \omega + \alpha_1 \epsilon_{t-1}^2 + \gamma D_{t-1}^- \epsilon_{t-1}^2 + \beta_1 \sigma_{t-1}^2.$

	μ	λ	ω	α_1	γ	β_1	ν
推定値	0.025	−0.009	0.031*	0.026*	0.104*	0.908*	12.785*
t 値	(0.695)	(−0.545)	(2.891)	(2.587)	(4.542)	(74.42)	(3.727)
$\ln L$		−4299.833					

* は有意水準 5 % で有意であることを示す.

表 3.5: GJR(1,1)-M モデルの推定結果 (TOPIX)

$R_t = \mu + \lambda\sigma_t^2 + \epsilon_t, \quad \epsilon_t = \sigma_t z_t, \quad \sigma_t > 0, \quad z_t \sim i.i.d.t(0,1,\nu),$
$\sigma_t^2 = \omega + \alpha_1 \epsilon_{t-1}^2 + \gamma D_{t-1}^- \epsilon_{t-1}^2 + \beta_1 \sigma_{t-1}^2.$

	μ	λ	ω	α_1	γ	β_1	ν
推定値	0.008	−0.003	0.037*	0.029*	−0.114*	0.893*	4.090*
t 値	(0.214)	(−0.128)	(2.834)	(2.620)	(4.678)	(57.64)	(4.090)
$\ln L$		−4081.775					

* は有意水準 5 % で有意であることを示す.

表 3.6: GJR(1,1)-M モデルの推定結果 (Dow 30)

$R_t = \mu + \lambda\sigma_t^2 + \epsilon_t, \quad \epsilon_t = \sigma_t z_t, \quad \sigma_t > 0, \quad z_t \sim i.i.d.t(0,1,\nu),$
$\sigma_t^2 = \omega + \alpha_1 \epsilon_{t-1}^2 + \gamma D_{t-1}^- \epsilon_{t-1}^2 + \beta_1 \sigma_{t-1}^2.$

	μ	λ	ω	α_1	γ	β_1	ν
推定値	0.015	−0.001	0.008*	−0.014	−0.136*	0.939*	11.080*
t 値	(0.789)	(−0.056)	(2.743)	(−1.739)	(6.956)	(96.57)	(4.302)
$\ln L$		−3595.790					

* は有意水準 5 % で有意であることを示す.

表 3.7: GJR(1,1)-M モデルの推定結果 (S&P 500)

$R_t = \mu + \lambda\sigma_t^2 + \epsilon_t, \quad \epsilon_t = \sigma_t z_t, \quad \sigma_t > 0, \quad z_t \sim i.i.d.t(0,1,\nu),$
$\sigma_t^2 = \omega + \alpha_1 \epsilon_{t-1}^2 + \gamma D_{t-1}^- \epsilon_{t-1}^2 + \beta_1 \sigma_{t-1}^2.$

	μ	λ	ω	α_1	γ	β_1	ν
推定値	0.007	−0.002	0.008*	−0.026*	−0.142*	0.948*	12.804*
t 値	(0.359)	(−0.112)	(2.605)	(−3.777)	(7.401)	(87.10)	(3.526)
$\ln L$		−3707.478					

* は有意水準 5 % で有意であることを示す.

表 3.8: GJR(1,1)-M モデルの推定結果 (WTI Oil)

$R_t = \mu + \lambda\sigma_t^2 + \epsilon_t, \quad \epsilon_t = \sigma_t z_t, \quad \sigma_t > 0, \quad z_t \sim i.i.d.t(0,1,\nu),$
$\sigma_t^2 = \omega + \alpha_1 \epsilon_{t-1}^2 + \gamma D_{t-1}^- \epsilon_{t-1}^2 + \beta_1 \sigma_{t-1}^2.$

	μ	λ	ω	α_1	γ	β_1	ν
推定値	0.107	−0.001	0.089*	0.025	0.027	0.945*	10.050*
t 値	(0.884)	(−0.067)	(3.075)	(1.846)	(1.600)	(76.62)	(4.986)
$\ln L$		−5696.309					

* は有意水準 5 % で有意であることを示す.

表 3.9: GJR(1,1)-M モデルの推定結果 (NY Gold)

$R_t = \mu + \lambda\sigma_t^2 + \epsilon_t, \quad \epsilon_t = \sigma_t z_t, \quad \sigma_t > 0, \quad z_t \sim i.i.d.t(0,1,\nu),$
$\sigma_t^2 = \omega + \alpha_1 \epsilon_{t-1}^2 + \gamma D_{t-1}^- \epsilon_{t-1}^2 + \beta_1 \sigma_{t-1}^2.$

	μ	λ	ω	α_1	γ	β_1	ν
推定値	0.096*	−0.029	0.054*	−0.025*	0.192	0.947*	5.061*
t 値	(2.498)	(−0.996)	(2.318)	(−3.711)	(1.223)	(85.32)	(4.060)
$\ln L$		−3704.413					

* は有意水準 5 % で有意であることを示す.

1. 資産収益率とボラティリティとの間の非対称性が観測できたのは, 株価指数である Nikkei 225, TOPIX, Dow 30, S&P 500 である. 外国為替レートである US Dollar / Yen, Euro / Yen と Commodity の WTI Oil, NY Gold では, 資産収益率とボラティリティとの間の非対称性を観測することができなかった. 株価指数では非対称性が観測され, 外国為替レートと Commodity で非対称性が観測されなかったことは多くの先行研究と同様の結果となった.
2. US Dollar / Yen, Euro / Yen, Nikkei 225, TOPIX, Dow 30, S&P 500, WTI Oil, NY Gold のすべての金融資産で資産価格収益率のリスク・プレミアムを観測することはできなかった.

今後の課題としては,

1. *G@RCH* 4.2 では, Sign Bias Tests や Pearson goodness-of-fit などの分析も可能なので, それらを用いてより詳細な分析を行なう.
2. GJR モデル以外の GARCH モデルや EGARCH モデルなどの ARCH 型モデルを用いて推定・検定を行ない, パフォーマンスの比較を行なう.
3. 金融資産データを個別株式や他の通貨・Commodity に対しても分析を行なう.

などが考えられる.

第4章 規制緩和・規制強化による金融市場の構造変化の検証法

4.1 はじめに

　金融デリバティブ (financial derivative) [1] の導入, 規制緩和, 規制強化により現物市場 (spot market) にどのような影響を与えるかを検証することは, 金融政策当局にとっては重要なことである. ここで, 金融デリバティブとは主に先物 (futures) やオプション (option) のことを想定している. 先物・オプション取引に関しては, 委託証拠金・取引証拠金・更新値幅・更新時間の変更やサーキット・ブレーカー制の導入など[2] 規制緩和・規制強化の政策変更を行なうことが多い. 最近のアメリカの金融市場[3] では, 2002年に個別株式を対象とした「個別株先物取引」[4] が導入され, また2004年には「ボラティリティ先物」・「バリアンス先物」も導入されている. 一般的な見解としては, 先物やオプションは現物市場をより不安定にする要因といわれることもある. しかしながら, 厳密に検証されているわけではない. 本章では, 特に, 規制を行なった前後のある一定期間でのボラティリティの変動に注目する.

　金融時系列分析では, モデルの特定化 (model specification)・推定 (estimation)・

---

† 本章は, 三井 (2008b) の論文を加筆・修正したものである.

[1] 一般的に, 先渡・先物・オプション・スワップを指す. 株式市場・債券市場・外国為替市場で導入されている.

[2] 詳しくは, 大村・他 (1998) を参照.

[3] 財団法人日本証券経済研究所 [編] (2005) を参照.

[4] 詳しくは, 吉川 (2006) を参照.

予測 (forecasting) などの時系列分析を行なう際には、以下の stylized facts に焦点を当てることが多い. (i) Fat tails: 株価収益率の分布は正規分布に比べると裾が厚い分布に従う, (ii) Volatility clustering: ボラティリティが上昇（下落）した後には高い（低い）ボラティリティの期間が続く, (iii) Leverage effects: 株価変動とボラティリティとの間には負の相関関係がある, (iv) Long memory: 時系列データの自己相関の減少が遅く、長期的に影響を及ぼす、である[5]. そこで，本章では、金融時系列分析で頻繁に利用され、上記の stylized facts に関してモデルの拡張が容易に可能な ARCH 型モデルを用いて金融市場での規制緩和・規制強化の影響を検証する方法のサーベイを行なう. AR(1)-GARCH(1,1) モデルと AR(1)-EGARCH(1,1) モデルによる規制緩和・規制強化による構造変化の検証法ついて解説を行なう.

本章の以下の構成は次の通りである. 4.2 節では、AR(1)-GARCH(1,1) モデルと AR(1)-EGARCH(1,1) モデルによる規制緩和・規制強化による構造変化の検証法ついて説明を行なう. 最後の 4.3 節では、まとめと今後の課題について述べる.

4.2 構造変化の検証方法

4.2.1 AR(1)-GARCH(1,1) モデルによる検証法

先物・オプション市場の規制緩和・規制強化により現物市場に構造変化をもたらしたかどうかを分析する方法について渡部 (1999) を参考にして解説する. ここでは、以下の AR(1)-GARCH(1,1) モデルを考える.

$$R_t = \mu + \psi R_{t-1} + \epsilon_t, \tag{4.2.1}$$

$$\epsilon_t = \sigma_t z_t, \quad \sigma_t > 0, \tag{4.2.2}$$

$$z_t \sim i.i.d.t(0, 1, \nu), \tag{4.2.3}$$

$$\sigma_t^2 = \omega + \alpha \epsilon_{t-1}^2 + \beta \sigma_{t-1}^2. \tag{4.2.4}$$

---
[5] 詳しくは、Shephard (1996), Campbell et al. (1997), Tsay (2010), 沖本 (2010) を参照.

第 4 章 規制緩和・規制強化による金融市場の構造変化の検証法

ここで構造変化を調べるときには, t 期が規制強化期のときには D_0, 緩和後のときには D_1 のダミー変数 D_t を使用すればよい. このとき上記の AR(1)-GARCH(1,1) モデルは以下のように表される.

$$R_t = \mu_0 + \mu_1 D_t + (\psi_0 + \psi_1 D_t) R_{t-1} + \epsilon_t, \tag{4.2.5}$$

$$\epsilon_t = \sigma_t z_t, \quad \sigma_t > 0, \tag{4.2.6}$$

$$z_t \sim i.i.d.t(0, 1, \nu_0 + \nu_1 D_t), \tag{4.2.7}$$

$$\sigma_t^2 = \omega_0 + \omega_1 D_t + (\alpha_0 + \alpha_1 D_t) \epsilon_{t-1}^2 + (\beta_0 + \beta_1 D_t) \sigma_{t-1}^2. \tag{4.2.8}$$

このとき, 規制強化期のパラメータは $(\mu_0, \psi_0, \nu_0, \omega_0, \alpha_0, \beta_0)$ であり, 規制緩和期のパラメータは $(\mu_0 + \mu_1, \psi_0 + \psi_1, \nu_0 + \nu_1, \omega_0 + \omega_1, \alpha_0 + \alpha_1, \beta_0 + \beta_1)$ となる. このとき $(\mu_1, \psi_1, \nu_1, \omega_1, \alpha_1, \beta_1)$ が全て 0 であれば構造変化はなかったことになる.

4.2.2 AR(1)-EGARCH(1,1) モデルによる検証法

以下の AR(1)-EGARCH(1,1) モデルを考える.

$$R_t = \mu + \psi R_{t-1} + \epsilon_t, \tag{4.2.9}$$

$$\epsilon_t = \sigma_t z_t, \quad \sigma_t > 0, \tag{4.2.10}$$

$$z_t \sim i.i.d.t(0, 1, \nu), \tag{4.2.11}$$

$$\ln(\sigma_t^2) = \omega + \theta_1 z_{t-1} + \theta_2(|z_{t-1}| - E|z_{t-1}|) + \beta \ln(\sigma_{t-1}^2). \tag{4.2.12}$$

ここで, 4.2.1 と同様にダミー変数を導入すると, AR(1)-EGARCH(1,1) モデルは以下のように表される.

$$R_t = \mu_0 + \mu_1 D_t + (\psi_0 + \psi_1 D_t) R_{t-1} + \epsilon_t, \tag{4.2.13}$$

$$\epsilon_t = \sigma_t z_t, \quad \sigma_t > 0, \tag{4.2.14}$$

$$z_t \sim i.i.d.t(0, 1, \nu_0 + \nu_1 D_t), \tag{4.2.15}$$

$$\ln(\sigma_t^2) = \omega_0 + \omega_1 D_t + (\theta_{01} + \theta_{11} D_t) z_{t-1} \tag{4.2.16}$$

$$+ (\theta_{02} + \theta_{12} D_t)(|z_{t-1}| - E|z_{t-1}|) + (\beta_0 + \beta_1 D_t) \ln(\sigma_{t-1}^2). \tag{4.2.17}$$

このとき, 規制強化期のパラメータは $(\mu_0, \psi_0, \nu_0, \omega_0, \alpha_0, \theta_{01}, \theta_{02}, \beta_0)$ であり, 規制緩和期のパラメータは $(\mu_0 + \mu_1, \psi_0 + \psi_1, \nu_0 + \nu_1, \omega_0 + \omega_1, \theta_{01} + \theta_{11}, \theta_{02} + \theta_{12}, \beta_0 + \beta_1)$ となる. このとき AR(1)-GARCH(1,1) モデルの場合と同様に $(\mu_1, \psi_1, \nu_1, \omega_1, \alpha_1, \theta_1, \theta_2, \beta_1)$ が全て 0 であれば構造変化はなかったことになる.

4.2.3 推定と検定

AR(1)-GARCH(1,1) モデルや AR(1)-EGARCH(1,1) モデルの推定を行なう際には, 最尤法や疑似最尤法を利用すればよい. 最近では *PcGive* のなどの統計・時系列分析ソフトにより容易に推定を行なえるようになっている. 特に, ARCH 型モデルの推定には G@RCH[6] を利用することができる.

構造変化がなかったかどうかの検定は, AR(1)-GARCH(1,1) モデルと AR(1)-EGARCH(1,1) モデルの各々の場合に, 以下の帰無仮説 H_0 に関して尤度比検定を行なえばよい.

$$H_0 : \mu_1 = \psi_1 = \nu_1 = \omega_1 = \alpha_1 = \beta_1 = 0 \tag{4.2.18}$$

$$H_0 : \mu_1 = \psi_1 = \nu_1 = \omega_1 = \theta_1 = \theta_2 = \beta_1 = 0 \tag{4.2.19}$$

帰無仮説 H_0 が棄却された場合には, 各々のパラメータの有意性を t 検定で調べてどのパラメータが変化しているか検証すればよい.

帰無仮説 H_0 の制約下で推定を行なったときの尤度を L_0, 制約なしの下で推定を行なった場合の尤度を L_1 とする. 尤度比検定は,

$$2(\ln L_0 - \ln L_1) \tag{4.2.20}$$

が漸近的に帰無仮説 H_0 の下で制約されるパラメータ数が χ^2 分布に従うことを用いて検定統計量として利用する.

---

[6] 詳しくは, 第 3 章 を参照.

4.3 まとめと今後の課題

本章では,ARCH 型モデルを用いて金融市場での規制緩和・規制強化の影響を検証する方法のサーベイを行なった.ここでは,代表的な ARCH 型モデルである GARCH モデルと EGARCH モデルに関して解説を行なったが,他の ARCH 型[7] モデルを利用しても同様の検証は可能である.規制緩和・規制強化の後の政策的評価を詳細に実証的検証を行なうことは重要であると思われる.アメリカの金融市場において,デリバティブ[8]の導入・規制が現物市場を不安定にしているかどうかを ARCH 型モデルで実証研究を行なっているものとして,John et al. (2001), Darrat et al. (2002) などがある.特に,証券市場での先物・オプション取引は現物市場を攪乱させる原因であるなど感情的な見解[9]も多々見受けられるので,今後,多くの実証研究がなされることが期待される.

---

[7] 例えば,PNPGARCH (Partial Non-Parametric GARCH) モデル,NGARCH (Nonlinear asymmetric GARCH) モデル, AGARCH (Asymmetric GARCH) モデル, VGARCH (Vector GARCH) モデルなどである.

[8] 詳しくは,高橋 (1992, 2002) を参照.

[9] 1990 年代には,我が国でも「先物悪玉説」などという見解が存在した.

第5章 東日本大震災による日本の株式市場の構造変化の検証

5.1 はじめに

2011年3月11日金曜日に発生した東日本大震災は日本経済に未曾有の大打撃を与えた．そのため日本の株式市場に与えた影響も甚大であり，震災後，株式市場は不安定化したとも考えられる．現実には，地震が起こった時刻が14時46分頃だったため，その日の日経平均終値は10,254円43銭で約1.7%の下落であった[1]．しかし，3月15日火曜日には原子力発電所事故などによる影響が懸念され，日経平均終値は8,605円15銭となり −10%以上の大幅下落となった．そこで本研究では，金融時系列分析を利用して東日本大震災後，株式市場で構造変化が起こっているかどうかの検証を行なうこととする．分析方法としては，東日本大震災が起こった前後のある一定期間でのボラティリティの変動に注目する．

実証分析を進めるにあたっては，2010年6月16日から2011年12月2日までの東京電力 (TEPCO)，業種別東証株価指数電気ガス業 (Sector Index) [2]，日経平均株価，TOPIX，日経ジャスダック平均株価 (JASDAQ) [3] の日次データを

---

† 本章は，三井 (2012a) の論文を加筆・修正したものである．
[1] 東京証券取引所の取引終了時刻は15時00分である．
[2] 東証市場第一部に上場している内国普通株式全銘柄 (TOPIX の構成銘柄) を「証券コード協議会」が定める業種区分に基づき33業種に区分した「時価総額加重型」の株価指数である．
[3] 大阪証券取引所ジャスダック市場 (Japan Securities Dealers Association Quotation System) に上場する全銘柄（日本銀行，不動産投資信託，外国株および整理銘柄を除く）を対象に「ダウ式平均」で算出する平均株価である．

用いて実証的な検証を行なった. 本研究の実証分析の結果として, 主に次の2つの結果が得られた. (1) 東日本大震災を境として, 東京電力の株価変動と業種別東証株価指数電気ガス業の変動には構造変化が生じている. (2) 日経平均株価, TOPIX, 日経ジャスダック平均株価とも, 東日本大震災による構造変化は見られない.

本章の以下の構成は次の通りである. 5.2 節では, GARCH モデルに関して簡単に紹介し, 本研究で用いた構造変化の検証法について説明を行なう. 5.3 節では, 本研究で利用した TEPCO, Sector Index, Nikkei 225, TOPIX, JASDAQ のデータと GARCH モデルによる実証結果に関して述べる. 最後の 5.4 節では, まとめと今後の課題について述べる.

5.2 GARCH モデルによる構造変化の検証方法

東日本大震災前後で株式市場に構造変化をもたらしたかどうかを分析する方法について渡部 (1999) を参考にして解説する[4]. ここでは, 以下の GARCH(1,1) モデルを考える.

$$R_t = \mu + \epsilon_t,$$
$$\epsilon_t = \sigma_t z_t, \quad \sigma_t > 0,$$
$$z_t \sim i.i.d.t(0, 1, \nu),$$
$$\sigma_t^2 = \omega + \alpha \epsilon_{t-1}^2 + \beta \sigma_{t-1}^2.$$

ここで構造変化を調べるときには, t 期が東日本大震災前のときには D_0, 東日本大震災後のときには D_1 のダミー変数 D_t を使用すればよい. このとき上記

---

[4] 渡部 (1999) では, 先物取引の開始, また, 先物市場での規制緩和・強化により現物市場に構造変化をもたらしたかどうかの分析を行なっている.

第 5 章 東日本大震災による日本の株式市場の構造変化の検証

の GARCH(1,1) モデルは以下のように表される.

$$R_t = \mu_0 + \mu_1 D_t + \epsilon_t, \tag{5.2.1}$$

$$\epsilon_t = \sigma_t z_t, \quad \sigma_t > 0, \tag{5.2.2}$$

$$z_t \sim i.i.d.t(0, 1, \nu_0 + \nu_1 D_t), \tag{5.2.3}$$

$$\sigma_t^2 = \omega_0 + \omega_1 D_t + (\alpha_0 + \alpha_1 D_t)\epsilon_{t-1}^2 + (\beta_0 + \beta_1 D_t)\sigma_{t-1}^2. \tag{5.2.4}$$

このとき, 東日本大震災前のパラメータは $(\mu_0, \omega_0, \alpha_0, \beta_0, \nu_0)$ であり, 東日本大震災後のパラメータは $(\mu_0 + \mu_1, \omega_0 + \omega_1, \alpha_0 + \alpha_1, \beta_0 + \beta_1, \nu_0 + \nu_1)$ となる. このとき $(\mu_1, \omega_1, \alpha_1, \beta_1)$ が全て 0 であれば構造変化はなかったことになる.

構造変化がなかったかどうかの検定は, 以下の帰無仮説 H_0 に関して尤度比検定を行なえばよい.

$$H_0 : \mu_1 = \omega_1 = \alpha_1 = \beta_1 = \nu_1 = 0. \tag{5.2.5}$$

帰無仮説 H_0 が棄却された場合には, 各々のパラメータの有意性を t 検定で調べてどのパラメータが変化しているか検証すればよい.

帰無仮説 H_0 の制約下で推定を行なったときの尤度を L_0, 制約なしの下で推定を行なった場合の尤度を L_1 とする. 尤度比検定は,

$$2(\ln L_0 - \ln L_1) \tag{5.2.6}$$

が漸近的に帰無仮説 H_0 の下で制約されるパラメータ数が χ^2 分布に従うことを用いて検定統計量として利用する.

本研究では, (5.2.1) – (5.2.4) 式からなるモデルにより実証研究を行なう. パラメータの推定に関しては, 統計分析ソフト $G@RCH\ 4.2\ OxMetrix$ を利用して最尤法により行なう.

5.3 データと実証結果

5.3.1 データ

本研究では，日本の株式市場の株価データとして TEPCO, Sector Index, Nikkei 225, TOPIX, JASDAQ の日次データを使用し，日経 NEEDS-Financial Quest からデータを取得した．これらのデータを利用して 5.2 節の GARCH モデルのパラメータの推定を行なった．標本期間は，2010 年 6 月 16 日から 2011 年 12 月 2 日までである (図 5.1 を参照)．株価収益率は，t 時点の株価を P_t とし，$R_t = (\ln P_t - \ln P_{t-1}) \times 100$ (%) として計算を行なった (図 5.2 を参照)．標本期間は，2010 年 6 月 17 日から 2012 年 12 月 2 日まで，標本数は 360 である．また，東日本大震災前の標本期間は 2010 年 6 月 17 日から 2012 年 3 月 10 日までで標本数は 180 であり，東日本大震災後の標本期間は，2011 年 3 月 11 日から 2012 年 12 月 2 日までで標本数は 180 である．データの基本統計量は，表 5.1 に纏められている．

尖度について，全期間のサンプルでは TEPCO, Sector Index, Nikkei 225, TOPIX, JASDAQ のすべての金融資産で 3 を超えていることから，また，正規性検定が有意なことから，これらの金融資産収益率の分布は正規分布よりも裾が厚いことがわかる．また，収益率のヒストグラム・密度関数は，図 5.3 に描かれている．ここでは，密度関数と正規近似が重ねて描かれている．例えば，TEPCO に関して，$N(s=6.14)$ は，表 5.1 より正規近似が平均 -0.595，分散が 6.14^2 の正規分布 $N(-0.595, 6.14^2)$ に従うことを表している．標本自己相関を図 5.4 で示す．

5.3.2 実証結果

本研究の実証結果は，表 5.2 – 表 5.6 に纏められている．帰無仮説 $H_0 : \mu_1 = \omega_1 = \alpha_1 = \beta_1 = \nu_1 = 0$ を検定するために尤度比検定統計量 $\chi^2(5)$ の値を見ると，TEPCO, Sector Index に関しては各々 17.80, 15.17 であり有意水準 5% で

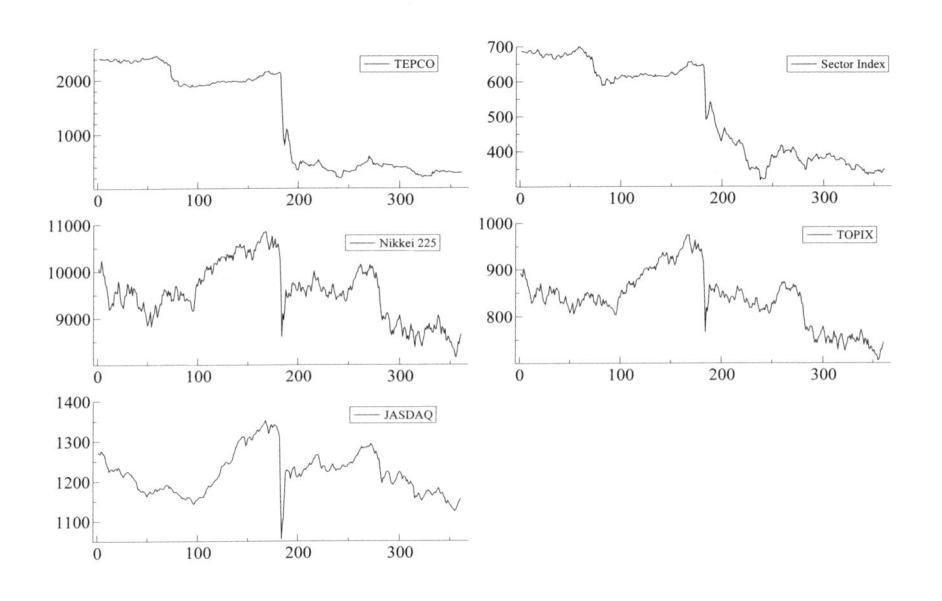

第 5 章 東日本大震災による日本の株式市場の構造変化の検証

図 5.1: 株価終値 (2010/6/16 – 2011/12/2)

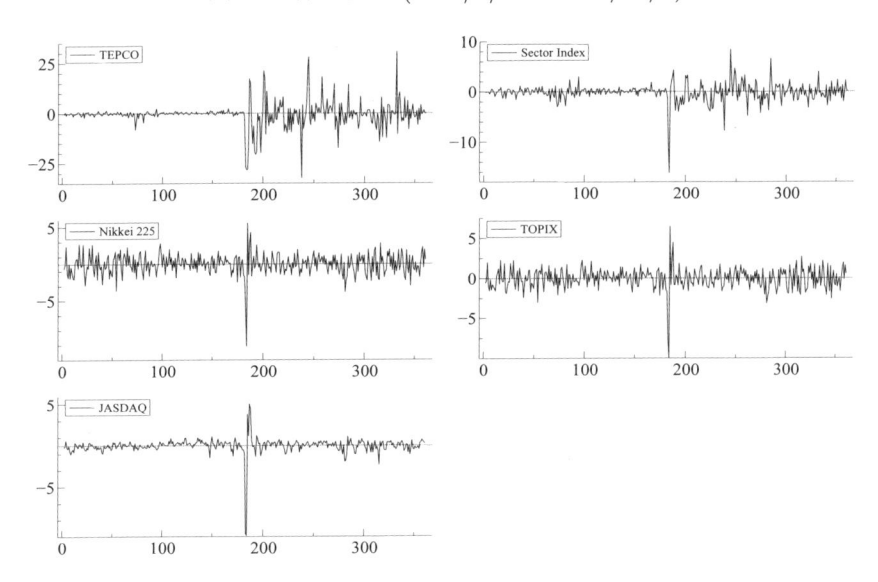

図 5.2: 株価収益率 (2010/6/17 – 2011/12/2)

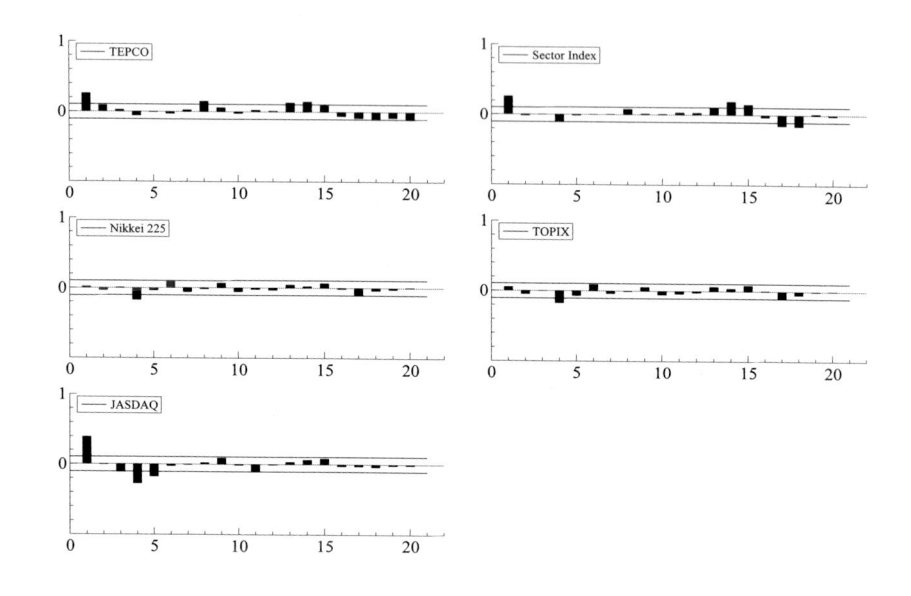

図 5.3: 標本自己相関

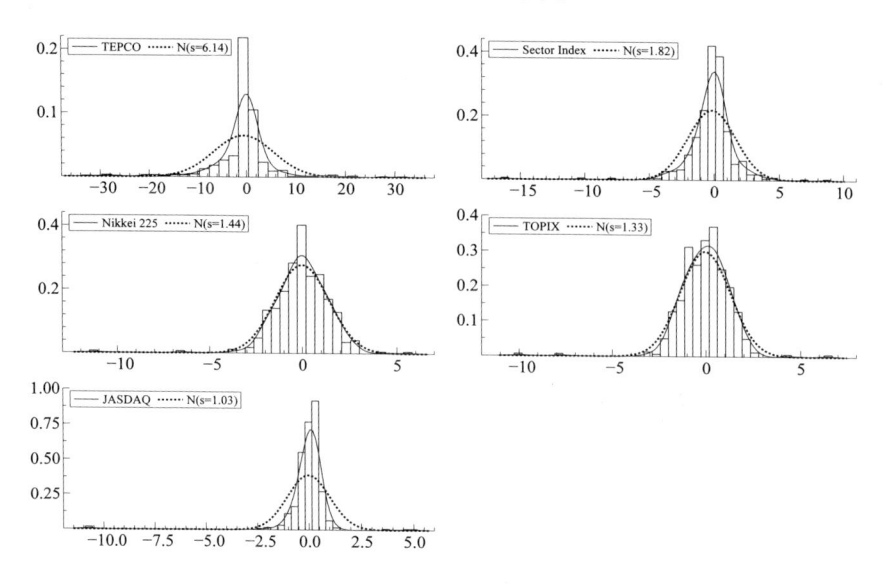

図 5.4: ヒストグラム・密度関数 (全期間)

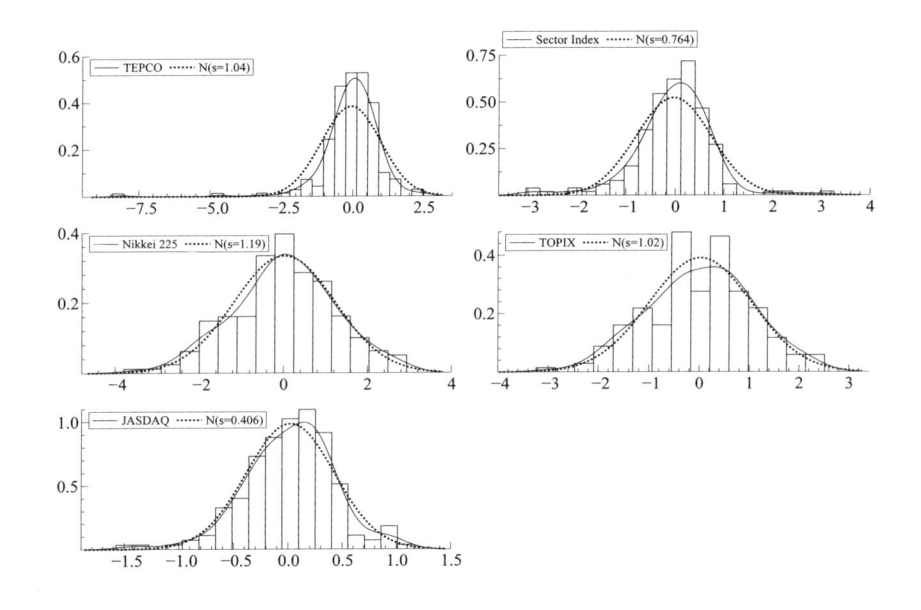

第 5 章 東日本大震災による日本の株式市場の構造変化の検証

図 5.5: ヒストグラム・密度関数 (東日本大震災前)

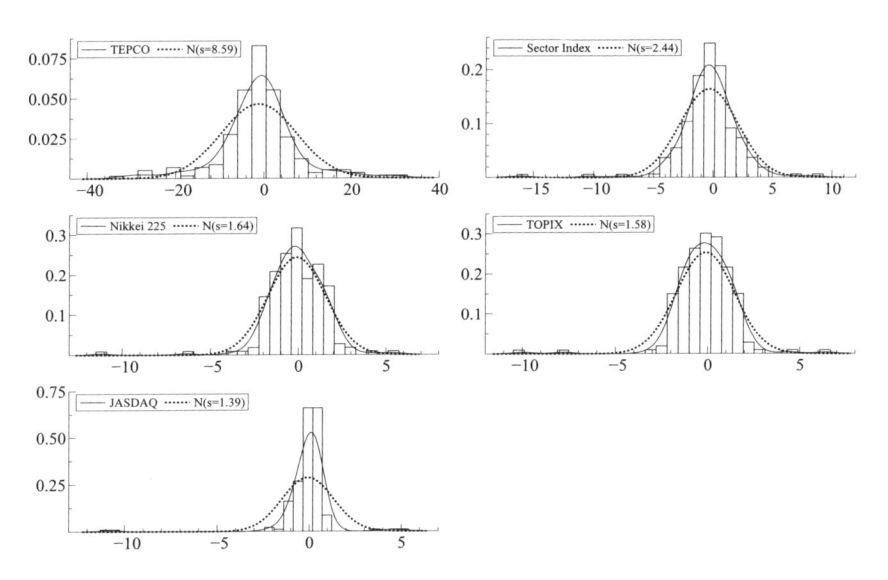

図 5.6: ヒストグラム・密度関数 (東日本大震災後)

表 5.1: 株価収益率 R_t (%) の基本統計量

標本期間：2010 年 6 月 17 日 – 2011 年 12 月 2 日 (全期間)

標本数：360

	平均	標準偏差	歪度	尖度	最大	最小	漸近性検定	正規性検定
TEPCO	−0.595	6.143	−0.402	12.125	30.61	−32.33	1258.7*	336.2*
Sector Index	−0.189	1.815	−2.159	23.72	8.424	−16.16	6723.7*	254.9*
Nikkei 225	−0.042	1.435	−1.311	13.31	5.522	−11.15	1697.9*	186.6*
TOPIX	−0.050	1.331	−1.269	14.69	6.428	−9.952	2145.2*	248.2*
JASDAQ	−0.026	1.027	−5.743	70.54	5.064	−10.86	70411.*	745.8*

* は有意水準 5 % で有意であることを示す．

2010 年 6 月 17 日 – 2011 年 3 月 10 日 (東日本大震災前)

標本数：180

	平均	標準偏差	歪度	尖度	最大	最小	漸近性検定	正規性検定
TEPCO	−0.063	1.039	−3.102	23.305	2.419	−8.074	3381.1*	123.92*
Sector Index	−0.032	0.764	−0.530	6.548	2.978	−3.020	102.84*	45.515*

第 5 章 東日本大震災による日本の株式市場の構造変化の検証

Nikkei 225	0.020	1.195	−0.130	2.991	2.815	−3.620	0.504	0.610
TOPIX	0.023	1.022	−0.140	2.751	2.292	−3.004	1.0544	0.903
JASDAQ	0.021	0.406	−0.368	4.111	1.085	−1.491	13.272*	9.552*

*は有意水準 5％で有意であることを示す.

2011 年 3 月 11 日 − 2011 年 12 月 2 日 (東日本大震災後)

標本数：180

	平均	標準偏差	歪度	尖度	最大	最小	漸近性検定	正規性検定
TEPCO	−1.127	8.592	−0.105	6.283	30.61	−32.33	81.158*	51.774*
Sector Index	−0.346	2.441	−1.586	14.023	8.424	−16.16	986.65*	88.063*
Nikkei 225	−0.105	1.639	−1.659	14.571	5.522	−11.15	1086.7*	87.857*
TOPIX	−0.124	1.577	−1.406	15.140	6.428	−9.952	990.05*	113.76*
JASDAQ	−0.075	1.391	−4.500	41.046	5.064	−10.86	11464.*	294.27*

*は有意水準 5％で有意であることを示す.

表 5.2: GARCH(1,1)-*dummy* モデルの推定結果 (TEPCO)

$R_t = \mu_0 + \mu_1 D_t + \epsilon_t, \quad \epsilon_t = \sigma_t z_t, \quad \sigma_t > 0, \quad z_t \sim i.i.d.t\,(0, 1, \nu_0 + \nu_1 D_t),$
$\sigma_t^2 = \omega_0 + \omega_1 D_t + (\alpha_0 + \alpha_1 D_t)\epsilon_{t-1}^2 + (\beta_0 + \beta_1 D_t)\sigma_{t-1}^2.$

	μ_0	ω_0	α_0	β_0	ν_0
推定値	0.047	0.120	0.040*	0.795*	3.405*
t 値	(0.902)	(1.396)	(3.055)	(7.789)	(3.230)
	μ_1	ω_1	α_1	β_1	ν_1
推定値	-0.529	18.85	0.665*	-0.255^*	0.989*
t 値	(-1.222)	(0.398)	(2.540)	(-5.317)	(3.404)
Log-likelihood		-834.769			
$\chi^2(5)$		17.80*			

* は有意水準 5 % で有意であることを示す.

帰無仮説 H_0 は棄却される. また, これらの値は有意水準 1%でも帰無仮説 H_0 は棄却される. このことから, 東日本大震災後, TEPCO, Sector Index の株価変動に統計的に有意な構造変化が生じていることがわかる. Nikkei 225, TOPIX, JASDAQ に関して, 尤度比検定統計量 $\chi^2(5)$ の値は各々 6.428, 7.092, 7.148 であり有意水準 5%で帰無仮説 H_0 は棄却されない. また, これらの値は有意水準 10%でも帰無仮説 H_0 は棄却されない. このことから, 東日本大震災後, Nikkei 225, TOPIX, JASDAQ の株価変動に統計的に有意な構造変化が生じていないことがわかる.

5.4 まとめと今後の課題

本章では, 2011 年 3 月 11 日の東日本大震災前後で日本の株式市場に構造変化が生じているかどうかを GARCH モデルにより分析を行なった. 東京電力, 業種別東証株価指数電気ガス業, 日経平均株価, TOPIX, 日経ジャスダック平均株価の株価データを用いてボラティリティの変動に焦点を当て実証的な検証を行なった. 本章で得られた主な結果を纏めると次のようになる.

表 5.3: GARCH(1,1)-*dummy* モデルの推定結果 (Sector Index)

$R_t = \mu_0 + \mu_1 D_t + \epsilon_t, \quad \epsilon_t = \sigma_t z_t, \quad \sigma_t > 0, \quad z_t \sim i.i.d.t(0, 1, \nu_0 + \nu_1 D_t),$
$\sigma_t^2 = \omega_0 + \omega_1 D_t + (\alpha_0 + \alpha_1 D_t)\epsilon_{t-1}^2 + (\beta_0 + \beta_1 D_t)\sigma_{t-1}^2.$

	μ_0	ω_0	α_0	β_0	ν_0
推定値	0.035	0.033	0.112*	0.840*	4.487*
t 値	(0.795)	(1.670)	(2.103)	(17.12)	(2.670)
	μ_1	ω_1	α_1	β_1	ν_1
推定値	−0.25	−0.022	−0.101*	0.138*	0.475*
t 値	(−1.673)	(−0.161)	(−2.791)	(32.61)	(3.906)
Log-likelihood		−577.944			
$\chi^2(5)$		15.17*			

* は有意水準 5 % で有意であることを示す.

表 5.4: GARCH(1,1)-*dummy* モデルの推定結果 (Nikkei 225)

$R_t = \mu_0 + \mu_1 D_t + \epsilon_t, \quad \epsilon_t = \sigma_t z_t, \quad \sigma_t > 0, \quad z_t \sim i.i.d.t(0, 1, \nu_0 + \nu_1 D_t),$
$\sigma_t^2 = \omega_0 + \omega_1 D_t + (\alpha_0 + \alpha_1 D_t)\epsilon_{t-1}^2 + (\beta_0 + \beta_1 D_t)\sigma_{t-1}^2.$

	μ_0	ω_0	α_0	β_0	ν_0
推定値	0.044	0.020	0.036*	0.948*	12.90*
t 値	(0.502)	(1.023)	(5.689)	(46.55)	(13.86)
	μ_1	ω_1	α_1	β_1	ν_1
推定値	−0.050	0.531	0.018*	−0.046*	2.432*
t 値	(−0.068)	(1.574)	(2.573)	(−2.940)	(1.213)
Log-likelihood		−602.351			
$\chi^2(5)$		6.428			

* は有意水準 5 % で有意であることを示す.

表 5.5: GARCH(1,1)-*dummy* モデルの推定結果 (TOPIX)

$R_t = \mu_0 + \mu_1 D_t + \epsilon_t, \quad \epsilon_t = \sigma_t z_t, \quad \sigma_t > 0, \quad z_t \sim i.i.d.t\,(0, 1, \nu_0 + \nu_1 D_t),$
$\sigma_t^2 = \omega_0 + \omega_1 D_t + (\alpha_0 + \alpha_1 D_t)\epsilon_{t-1}^2 + (\beta_0 + \beta_1 D_t)\sigma_{t-1}^2.$

	μ_0	ω_0	α_0	β_0	ν_0
推定値	0.044	0.023	0.023*	0.954*	13.89*
t 値	(0.536)	(1.185)	(7.900)	(38.61)	(13.86)
	μ_1	ω_1	α_1	β_1	ν_1
推定値	-0.082	0.459*	0.022*	-0.049^*	0.85*
t 値	(-0.435)	(2.346)	(2.262)	(-2.888)	(2.090)
Log-likelihood		-564.207			
$\chi^2(5)$		7.092			

* は有意水準 5 % で有意であることを示す.

表 5.6: GARCH(1,1)-*dummy* モデルの推定結果 (JASDAQ)

$R_t = \mu_0 + \mu_1 D_t + \epsilon_t, \quad \epsilon_t = \sigma_t z_t, \quad \sigma_t > 0, \quad z_t \sim i.i.d.t\,(0, 1, \nu_0 + \nu_1 D_t),$
$\sigma_t^2 = \omega_0 + \omega_1 D_t + (\alpha_0 + \alpha_1 D_t)\epsilon_{t-1}^2 + (\beta_0 + \beta_1 D_t)\sigma_{t-1}^2.$

	μ_0	ω_0	α_0	β_0	ν_0
推定値	0.037	0.067*	0.230*	0.400*	9.840
t 値	(1.114)	(3.769)	(2.008)	(4.582)	(1.573)
	μ_1	ω_1	α_1	β_1	ν_1
推定値	0.027	0.008*	0.002*	0.018*	-5.353^*
t 値	(1.313)	(2.116)	(2.154)	(4.849)	(-2.924)
Log-likelihood		-260.958			
$\chi^2(5)$		7.148			

* は有意水準 5 % で有意であることを示す.

第 5 章 東日本大震災による日本の株式市場の構造変化の検証 71

1. 2011 年 3 月 11 日の東日本大震災を境として,東京電力,業種別東証株価指数電気ガス業の株価変動には統計的に有意な構造変化が生じている.
2. 東日本大震災前後で,日経平均株価,TOPIX,日経ジャスダック平均株価の株価変動には統計的に有意な構造変化は生じていない.

したがって,震災により直接甚大な被害を受けた東京電力や原子力発電所の存続問題や電力供給不足が懸念された電力業界全般に対しては東日本大震災の甚大な影響を受けたと考えられる.しかし,日本の代表的な株価指数に関しては一時的に大幅な株価の下落はあったが,その後は不安定化していないと考えられる.

今後の課題としては,

1. 構造変化が生じているかどうかのより精度の高い検証を行なうためには,東日本大震災前後の期間に対して長期のデータを使用する必要がある.
2. 他の代表的な構造変化の分析を行なう際に使用されるモデルとしてマルコフ・スイッチング (Markov-Switching Model) モデルがある.ARCH 型モデルの定式化にマルコフ過程に従う状態変数を含めたマルコフ・スイッチング ARCH (Markov-Switching ARCH; MS-ARCH) モデル[5]や GARCH モデル・EGARCH モデルにおいて構造変化を含めたマルコフ・スイッチング GARCH (Markov-Switching GARCH; MS-GARCH) モデル[6],マルコフ・スイッチング EGARCH (Markov-Switching GARCH; MS-EGARCH) モデル[7] などを用いて分析を行なう.

などが考えられる.

---

[5] 詳しくは,Hamilton and Susmel (1994),Cai (1994) を参照.
[6] 詳しくは,Gray (1996),Haas et al. (2004) を参照.MS-GARCH モデルを用いて日本の株式市場を分析した研究として,里吉 (2004),Satoyoshi and Mitsui (2011) がある.
[7] MS-EGARCH モデルを用いて日本の株式市を分析した研究として,里吉・三井 (2011b) がある.

第6章 日経225先物のボラティリティの長期記憶性に関する分析

6.1 はじめに

　日経 225 先物は，大阪証券取引所 (Osaka Securities Exchange; OSE) の他, Chicago Mercantile Exchange (CME) や Singapore Exchange Derivatives Trading Limited (SGX-DT) にも上場されている．そのため，日経 225 先物は非常に流動性が高く，最も活発に取引されている．本章では，日経 225 先物のボラティリティの長期記憶 (long memory) 性に焦点を当て実証分析を行なう．ボラティリティの長期記憶性が存在するならば，長期の限月をもつ先物の価格付けがより正確に行なうことができるようになる．長期記憶性を捉えるため Baillie et al. (1996) の FIGARCH モデルと Bollerslev and Mikkelsen (1996) の FIE-GARCH モデルを使用する．また，株価収益率の分布は，古くから正規分布よりも裾が厚い分布であることが知られている．そのため ARCH 型モデルの誤差項には，正規分布以外の仮定をおく場合が多い．また，多くの先行研究では，誤差項の分布に正規分布よりも尖度の高い分布を用いた方が当てはまりが良いとの結果が得られている．したがって，本研究では，誤差項の分布として標準正規分布の他に，基準化された Student-t 分布 (standardized Student-t distribution),

---

† 本章は，三井 (2013a), 三井 (2013b) の論文を加筆・修正したものである．三井 (2013a) と三井 (2013b) は基本的に同じ内容の論文である．

GED, 基準化された skewed-Student t 分布 (standardized skewed-Student t distribution) を使用することにする. これらを仮定したモデルにより日経 225 先物価格のボラティリティの変動性に関して分析を行なう.

実証分析を進めるにあたっては, 2000 年 1 月 4 日から 2012 年 10 月 31 日までの日経 225 先物価格の日次データを用いて実証的な検証を行なった. 本研究の実証分析の結果として, 主に以下の結果が得られた. (1) 日経 225 先物のボラティリティは, 定常長期記憶過程か, あるいは, 非定常長期記憶過程に従う. (2) 日経 225 先物価格の収益率とボラティリティとの間の非対称性が存在する. (3) 日経 225 先物における時系列分析に対して正規分布よりも裾の厚い分布を用いることは有効である.

本章の以下の構成は次の通りである. 6.2 節では, 本研究で用いた分析モデルと誤差項の分布について説明する. 6.3 節では, 本研究で利用した日経 225 先物のデータと実証結果に関して述べる. 最後の 6.4 節では, まとめと今後の課題について言及する.

6.2 分析モデル

6.2.1 FIGARCH モデルと FIEGARCH モデル

t 時点の日経 225 先物の収益率を R_t とする. F_t を t 時点の日経 225 先物価格の水準とすると, t 時点の日経 225 先物の収益率 R_t は以下のように定義される.

$$R_t = (\ln F_t - \ln F_{t-1}) \times 100 . \tag{6.2.1}$$

このとき, 収益率 R_t の過程を以下のようにおく.

$$R_t = \mu + \epsilon_t, \tag{6.2.2}$$

$$\epsilon_t = \sigma_t z_t, \quad \sigma_t > 0, \tag{6.2.3}$$

$$z_t \sim i.i.d., E[z_t] = 0, Var[z_t] = 1. \tag{6.2.4}$$

第6章 日経225先物のボラティリティの長期記憶性に関する分析

ここで，(6.2.2)式の定数項 μ は期待収益率，ϵ_t は誤差項であり，収益率に自己相関は無いと仮定する．$i.i.d.$ は，過去と独立で同一な分布を表す．$E[\cdot]$ は期待値，$Var[\cdot]$ は分散を表す．本研究では，ボラティリティの変動の特性を捉えるために，Baillie et al.(1996) が提案した FIGARCH モデルと Bollerslev and Mikkelsen (1996) が提案した FIEGARCH モデルを用いる．FIGARCH(p,d,q) モデルは，ボラティリティ σ_t^2 が以下の過程で表される[1]．

$$\sigma_t^2 = \omega\left[1 - \beta(L)\right]^{-1} + \left\{1 - [1 - \beta(L)]^{-1}\phi(L)(1-L)^d\right\}\epsilon_t^2. \tag{6.2.5}$$

ここで，$\beta(L) = \beta_1 L + \beta_2 L^2 + \cdots + \beta_p L^p$，$\phi(L) = [1 - \alpha(L) - \beta(L)](1-L)^{-1}$，$\alpha(L) = \alpha_1 L + \alpha_2 L^2 + \cdots + \alpha_q L^q$ を表す．また，L はラグ・オペレータ (Lag operater) を表し，$L^i y_t = y_{t-i}, (i = 0, 1 \ldots)$ となる．$(1-L)^d$ は，以下のように表現される．

$$\begin{aligned}(1-L)^d &= \sum_{k=0}^{\infty} \frac{\Gamma(d+1)}{\Gamma(k+1)\Gamma(d-k+1)} L^k \\ &= 1 + \sum_{k=1}^{\infty} \frac{d(d-1)\cdots(d-k+1)}{k!}(-L^k). \end{aligned} \tag{6.2.6}$$

---

[1]あるいは，以下のように表現される．

$$\begin{aligned}\sigma_t^2 &= \omega^* + \sum_{i=1}^{\infty} \psi_i L^i \epsilon_t^2 \\ &= \omega^* + \psi(L)\epsilon_t^2, \ 0 \le d \le 1.\end{aligned}$$

ここで，

$$\begin{aligned}\omega^* &= \omega\left[1 - \beta(L)\right]^{-1}, \\ \psi(L) &= 1 - [1 - \beta(L)]^{-1}\phi(L)(1-L)^d.\end{aligned}$$

ここで, $\Gamma(\cdot)$ はガンマ関数[2])である. $(1-L)^d$ における d が長期記憶性[3]) を捉えるパラメータを示す. $0 < d < 1$ となるとき, ボラティリティ σ_t^2 は長期記憶過程に従っていることがわかる. また, $0 < d < 0.5$ のとき定常長期記憶過程と呼び, $0.5 \leq d < 1$ のとき非定常長期記憶過程と呼ぶ. $d = 1$ のとき, ボラティリティ σ_t^2 は単位根を持つ非定常過程となる. $d = 0$ のとき短期記憶過程となり, Bollerslev (1986) の GARCH(p,q) モデルとなる[4]). ここで, FIGARCH$(1,d,1)$ モデルは以下のように表される.

$$\sigma_t^2 = \omega\left[1-\beta_1(L)\right]^{-1} + \left\{1 - [1-\beta_1(L)]^{-1}\phi_1(L)(1-L)^d\right\}\epsilon_t^2. \qquad (6.2.7)$$

FIEGARCH (p,d,q) モデルは, ボラティリティ σ_t^2 が以下の過程で表される.

$$\ln(\sigma_t^2) = \omega + \phi(L)^{-1}(1-L)^{-d}[1+\alpha(L)]g(z_{t-1}), \qquad (6.2.8)$$

$$g(z_{t-1}) = \theta z_{t-1} + \gamma[|z_{t-1}| - E|z_{t-1}|] \qquad (6.2.9)$$

$$g(z_{t-1}) = \begin{cases} (\theta+\gamma)|z_{t-1}| - \gamma E(|z_{t-1}|), & \text{if } z_{t-1} > 0, \\ (-\theta+\gamma)|z_{t-1}| - \gamma E(|z_{t-1}|), & \text{if } z_{t-1} < 0. \end{cases}$$

ここでは, ボラティリティの対数値を被説明変数としてパラメータの非負制約を取り除き定式化されている. $\theta < 0$ ならば, 資産価格が上昇した日の翌日よりも, 資産価格が下落した日の翌日の方がボラティリティは上昇する. このモデルでは, ボラティリティの対数値を被説明変数としているため $\omega, \beta, \alpha, \theta, \gamma$ に非負制約は必要としない. $d = 0$ のとき, Nelson (1991) の EGARCH(p,q) モデル

---

[2])ガンマ関数は以下のように定義される.

$$\Gamma(\nu) = \int_0^\infty x^{\nu-1}e^{-x}dx, \quad \text{for } \nu > 0.$$

[3])k の自己相関係数を $\rho(k)$ とするとき, $\sum_{k=1}^\infty |\rho(k)| < \infty$ ならば短期記憶過程に従い, $\sum_{k=1}^\infty |\rho(k)| = \infty$ ならば長期記憶過程に従う. 長期記憶性に関して詳しくは, 矢島 (2003), 松葉 (2007) を参照.

[4])ラグ・オペレータ L を用いると GARCH(p,q) モデルは, 以下のように表現される.

$$\sigma_t^2 = \omega + \alpha(L)\epsilon_t^2 + \beta(L)\sigma_t^2.$$

となる[5]).

次数 p, q の選択は，過去の実証研究において $p=1, q=0$ とする場合が多い[6]ので，本研究でも FIGARCH$(1, d, 0)$, FIEGARCH$(1, d, 0)$ を用いて分析を行なう．FIGARCH$(1, d, 0)$ は，以下のように表現される．

$$\sigma_t^2 = \omega\left[1 - \beta_1(L)\right]^{-1} + \left\{1 - [1-\beta_1(L)]^{-1}(1-L)^d\right\}\epsilon_t^2. \quad (6.2.10)$$

また，FIEGARCH$(1, d, 0)$ は以下のように表現される．

$$\ln(\sigma_t^2) = \omega + [1-\beta_1(L)]^{-1}(1-L)^{-d}g(z_{t-1}), \quad (6.2.11)$$
$$g(z_{t-1}) = \theta z_{t-1} + \gamma[|z_{t-1}| - E|z_{t-1}|].$$

これらのモデルを用いて日経 225 先物のボラティリティの変動特性に関して実証分析を行なう．

6.2.2 誤差項の分布の仮定

資産収益率の分布は，正規分布よりも裾が厚い分布であることが知られている．また，多くの先行研究では，誤差項の分布に正規分布よりも尖度の高い分布を用いた方が当てはまりが良いとの結果が得られている．したがって，本研究では，z_t の分布として，標準正規分布，基準化された Student-t 分布，一般化誤差分布，基準化された skewed-Student t 分布[7]を使用することにする[8]．

---

[5]) ラグ・オペレータ L を用いると EGARCH(p, q) モデルは，以下のように表現される．
$$\ln(\sigma_t^2) = \omega + [1 - \beta(L)]^{-1}[1 + \alpha(L)]g(z_{t-1}),$$
$$g(z_{t-1}) = \theta z_{t-1} + \gamma[|z_{t-1}| - E|z_{t-1}|].$$

[6]) 日本の株式市場におけるボラティリティの長期記憶性の研究として，渡部・佐々木 (2005, 2006), 竹内 (野木森)・渡部 (2008), 竹内 (野木森)(2012) がある．これらの研究では，FIGARCH$(1, d, 0)$ モデルにより実証分析を行なっている．また，三井 (2012b) では，日本の商品先物市場において同様の実証研究を行なっている．

[7]) Giot and Laurent (2004) は，Fernández and Steel (1998) の提案した skewed-Student t 分布を利用して ARCH 型モデルを基にした VaR (Value-at-Risk) に適用して株価指数と外国為替レートの分析を行なっている．

[8]) その他の利用可能な正規分布よりも裾が厚い分布を ARCH 型モデルに応用した研究として，Bollerslev et al. (1994) の一般化 t 分布や Michelfelder (2005) の skewed GED (SGED) などがある．

(i) Student-t 分布:
基準化された Student-t 分布の密度関数 $f_{(t)}(z_t;\nu)$ は以下のように与えられる.

$$f_{(t)}(z_t;\nu) = \frac{\Gamma((\nu+1)/2)}{\Gamma(\nu/2)\sqrt{\pi(\nu-2)}}\left(1+\frac{z_t^2}{\nu-2}\right)^{-(\nu+1)/2}, \quad \nu > 2. \quad (6.2.12)$$

ここで, ν は自由度を表す. Student-t 分布は 0 について左右対称となり, $\nu > 4$ に対して尖度は 3 よりも大きくなる[9]. また, $\nu \to \infty$ のとき標準正規分布の密度関数に収束する.

(ii) GED:
GED の密度関数 $f_{(GED)}(z_t;\nu)$ は以下のように与えられる.

$$f_{(GED)}(z_t;\nu) = \frac{\nu \exp\left(-\frac{1}{2}|z_t/\lambda_\nu|^\nu\right)}{\lambda_\nu 2^{(1+\frac{1}{\nu})}\Gamma(1/\nu)}, \quad \nu > 0, \quad (6.2.15)$$

$$\lambda_\nu = \sqrt{\frac{\Gamma(1/\nu) 2^{(-2/\nu)}}{\Gamma(3/\nu)}}$$

ここで, ν は裾の厚さを示すパラメータである. $\nu = 2$ のとき z_t は標準正規分布に従う. $\nu < 2$ のとき正規分布より裾が厚い分布に従い[10], $\nu > 2$ のとき正規分布より裾が薄い分布に従う[11].

(iii) skewed-Student t 分布:
基準化された skewed-Student t 分布の密度関数 $f_{(skt)}(z_t;\nu,\xi)$ は以下のように与えられる.

$$f_{(skt)}(z_t;\nu,\xi) = \frac{\Gamma((\nu+1)/2)}{\Gamma(\nu/2)\sqrt{\pi(\nu-2)}}\left(\frac{2s}{\xi+1/\xi}\right)\left(1+\frac{(sz_t+m)^2}{\nu-2}\xi^{-2I_t}\right)^{-(\nu+1)/2},$$
$$\nu > 2. \quad (6.2.16)$$

---

[9]自由度 ν の Student-t 分布の尖度 $kurt\ ^{t\,分布}$ は,

$$kurt\ ^{t\,分布} = \frac{3(\nu-2)}{\nu-4} \quad (6.2.13)$$

$$= 3 + \frac{6}{\nu-4}, \quad \nu > 4 \quad (6.2.14)$$

となる. したがって, 尖度は必ず 3 より大きくなる.
[10]$\nu = 1$ のとき z_t は, double exponential distribution あるいは, Laplace distribution に従う.
[11]$\nu = \infty$ のとき z_t は, 区間 $(-\sqrt{3},\sqrt{3})$ の一様分布 (uniform distribution) に従う.

ただし,

$$I_t = \begin{cases} 1 & \text{if } z_t \geq -\frac{m}{s} \\ -1 & \text{if } z_t < -\frac{m}{s} \end{cases} \quad (6.2.17)$$

とする. ここで, ν は自由度を表し分布の厚さを示す. ξ は非対称パラメータを表し, 分布の歪みを示す. また,

$$m = \frac{\Gamma((\nu+1)/2)\sqrt{\nu-2}}{\sqrt{\pi}\Gamma(\nu/2)}\left(\xi - \frac{1}{\xi}\right), \quad (6.2.18)$$

$$s = \sqrt{\left(\xi + \frac{1}{\xi} - 1\right) - m^2} \quad (6.2.19)$$

である. $\xi = 1$, あるいは, $\ln(\xi) = 0$ のとき左右対称となり Student-t 分布と等しくなる. $\xi > 1$, あるいは, $\ln(\xi) > 0$ のとき分布の右裾が厚くなる. また, $\xi < 1$, あるいは, $\ln(\xi) < 0$ のとき分布の左裾が厚くなる. z_t の分布が標準正規分布, 基準化された Student-t 分布, GED, 基準化された skewed-Student t 分布に従う場合, (6.2.2) 式の z_t は各々以下のように表現される[12].

$$z_t \sim i.i.d. N(0,1), \quad (6.2.20)$$

$$z_t \sim i.i.d. t(0,1,\nu), \quad (6.2.21)$$

$$z_t \sim i.i.d. GED(0,1,\nu), \quad (6.2.22)$$

$$z_t \sim i.i.d. skt(0,1,\nu,\xi). \quad (6.2.23)$$

6.2.3 推定法

パラメータ集合を Θ とするとき, FIGARCH$(1,d,0)$ モデルの誤差項が正規分布に従うときには $\Theta = (\mu, \lambda, \omega, d, \beta_1)$, 誤差項が Student-$t$ 分布, GED に従うときには自由度 ν が追加され $\Theta = (\mu, \lambda, \omega, d, \beta_1, \nu)$, 誤差項が skewed-Student t 分布に従うときには ξ が追加され $\Theta = (\mu, \lambda, \omega, d, \beta_1, \nu, \xi)$ とな

---

[12] 詳しくは, Bauwens and Laurent (2005) を参照.

る．また，FIGARCH(1, d, 0) の場合には，各々の FIGARCH(1, d, 0) モデルパラメータ集合に θ と γ が追加される[13]．このとき尤度関数は以下のようになる．

$$L(\Theta) = f(R_1, R_2, \cdots, R_T | \Theta)$$
$$= \prod_{t=1}^{T} \frac{1}{\sigma_t} f\left(\frac{\epsilon_t}{\sigma_t}\right). \qquad (6.2.24)$$

したがって，対数尤度関数は，

$$\ln L(\Theta) = -\sum_{t=1}^{T} \ln(\sigma_t) + \sum_{t=1}^{T} \ln f\left(\frac{\epsilon_t}{\sigma_t}\right) \qquad (6.2.25)$$

となる．また，誤差項となる標準正規分布，基準化された Student-t 分布，GED，基準化された skewed-Student t 分布に対する対数尤度関数 $\ln L_{(n)}$, $\ln L_{(t)}$, $\ln L_{(GED)}$, $\ln L_{(skt)}$ と FIEGARCH(1, d, 0) モデルにおいて，(6.2.11) 式の標準正規分布，基準化された Student-t 分布，GED，基準化された skewed-Student t 分布に対する $E(|z_t|)_{(n)}$, $E(|z_t|)_{(t)}$, $E(|z_t|)_{(GED)}$, $E(|z_t|)_{(skt)}$ に関しては，各々，補論 A と補論 B を参照して頂きたい．パラメータの推定に関しては，統計分析ソフト G@RCH 4.2 OxMetrix [14] を利用して対数尤度関数を最大化することにより行なう．

6.2.4　本研究で使用するモデル

本研究では，ボラティリティの変動性の分析について，6.2.1 項で説明した FIGARCH(1, d, 0) モデルと FIEGARCH(1, d, 0) モデルを使用する．また，誤差項の分布は，6.2.2 項で解説した，正規分布，Student-t 分布，GED，skewed-Student t 分布を仮定する．本研究で使用する 8 種類のモデルを纏めると以下のようになる．

---

[13] 誤差項が正規分布に従うときには $\Theta = (\mu, \lambda, \omega, d, \beta_1, \theta, \gamma)$，誤差項が Student-t 分布，GED に従うときには $\Theta = (\mu, \lambda, \omega, d, \beta_1, \theta, \gamma, \nu)$，誤差項が skewed-Student t 分布に従うときには $\Theta = (\mu, \lambda, \omega, d, \beta_1, \theta, \gamma \nu, \xi)$ となる．
[14] 詳しくは，市川 (2007), Xekalaki and Degiannakis (2010) を参照．

1. FIGARCH$(1,d,0)$-n $\cdots$ (6.2.2) – (6.2.4), (6.2.10), (6.2.20) 式[15].
2. FIGARCH$(1,d,0)$-t $\cdots$ (6.2.2) – (6.2.4), (6.2.10), (6.2.21) 式.
3. FIGARCH$(1,d,0)$-GED $\cdots$ (6.2.2) – (6.2.4), (6.2.10), (6.2.22) 式.
4. FIGARCH$(1,d,0)$-skt $\cdots$ (6.2.2) – (6.2.4), (6.2.10), (6.2.23) 式.
5. FIEGARCH$(1,d,0)$-n $\cdots$ (6.2.2) – (6.2.4), (6.2.9), (6.2.11), (6.2.20) 式[16].
6. FIEGARCH$(1,d,0)$-t $\cdots$ (6.2.2) – (6.2.4), (6.2.9), (6.2.11), (6.2.21) 式.
7. FIEGARCH$(1,d,0)$-GED $\cdots$ (6.2.2) – (6.2.4), (6.2.9), (6.2.11), (6.2.22) 式.
8. FIEGARCH$(1,d,0)$-skt $\cdots$ (6.2.2) – (6.2.4), (6.2.9), (6.2.11), (6.2.23) 式.

"-n", "-t", "-GED", "-skt" は, 誤差項が各々, 正規分布, Student-t 分布, GED, skewed-Student t 分布に従うことを表す.

6.3 データと実証結果

6.3.1 データ

本研究では, データとして大阪証券取引所で取引されている日経 225 先物価格[17]を使用し, 日経 NEEDS-FinancialQuest からデータを取得した. 先物デー

---

[15] 例えば, FIGARCH$(1,d,0)$-n は, 纏めると以下のように表される.
$$R_t = \mu + \lambda\sigma_t + \epsilon_t,\ \epsilon_t = \sigma_t z_t,\ \sigma_t > 0,\ z_t \sim i.i.d.N(0,1),$$
$$\sigma_t^2 = \omega[1-\beta_1(L)]^{-1} + \left\{1 - [1-\beta_1(L)]^{-1}(1-L)^d\right\}\epsilon_t^2.$$

[16] 例えば, FIEGARCH$(1,d,0)$-n は, 纏めると以下のように表される.
$$R_t = \mu + \lambda\sigma_t + \epsilon_t,\ \epsilon_t = \sigma_t z_t,\ \sigma_t > 0,\ z_t \sim i.i.d.N(0,1),$$
$$\ln(\sigma_t^2) = \omega + [1-\beta_1(L)]^{-1}(1-L)^{-d}g(z_{t-1}),$$
$$g(z_{t-1}) = \theta z_{t-1} + \gamma[|z_{t-1}| - E|z_{t-1}|].$$

[17] 9:00–15:15 に取引される日経 225 先物を研究対象とする. 16:00–翌日 3:00 のナイト・セッションに関しては研究対象としない. また, CME や SGX-DT で取引されている日経 225 先物も対象外とする.

表 6.1: 日経 225 先物収益率 R_t (%) の基本統計量

標本期間：2000 年 1 月 5 日 – 2012 年 10 月 31 日

標本数：3,154

平均	標準偏差	歪度	尖度	最大値	最小値	正規性検定
−0.024	1.631	−3.05	15.28	18.81	−14.00	3973.**

∗∗ は有意水準 1 ％ で有意であることを示す．

タ系列は各限月ごとに分かれているため，期近物を繋げることによりデータ系列の作成を行なった[18]．標本期間は，2000 年 1 月 4 日から 2012 年 10 月 31 日までである (図 6.1 を参照)．収益率は，(6.2.1) 式を用いて計算を行なった (図 6.2 を参照)．標本期間は，2000 年 1 月 5 日から 2012 年 10 月 31 日まで，標本数は 3,154 である．データの基本統計量として，平均，標準偏差，歪度，尖度，最大値，最小値，正規性の検定統計量[19] が表 6.1 に纏められている．尖度について，3 を超えていることから，また，正規性検定が有意なことから，日経 225 先物の収益率の分布は正規分布よりも裾が厚いことがわかる．また，収益率のヒストグラム・密度関数 は，図 6.3 に描かれている．ここでは，密度関数と正規近似が重ねて描かれている．$N(s = 1.631)$ は，表 6.1 より正規近似が平均 −0.024，分散が 1.631^2 の正規分布 $N(-0.024, 1.631^2)$ に従うことを表している．

---

[18] 日経 225 先物の限月は 3 月・6 月・9 月・12 月の 5 限月となっている．
[19] 本研究では，収益率分布の正規性検定を行なう際に，歪度と尖度を用いる Jarque and Bera (1987) の方法を利用した．Jarque - Bera 検定統計量 JB は，

$$JB = \frac{\hat{skew}^2 T}{6} + \frac{(\hat{kurt}-3)^2 T}{24} \sim \chi^2(2)$$

として与えられる．ここで，$\hat{skew}$, $\hat{kurt}$ はデータから計算される歪度 と尖度を各々表し，T は標本数を表す．正規分布であれば $JB = 0$ であり，正規分布から乖離するほど JB の値は大きくなる．詳しくは，Jarque and Bera (1987) を参照．

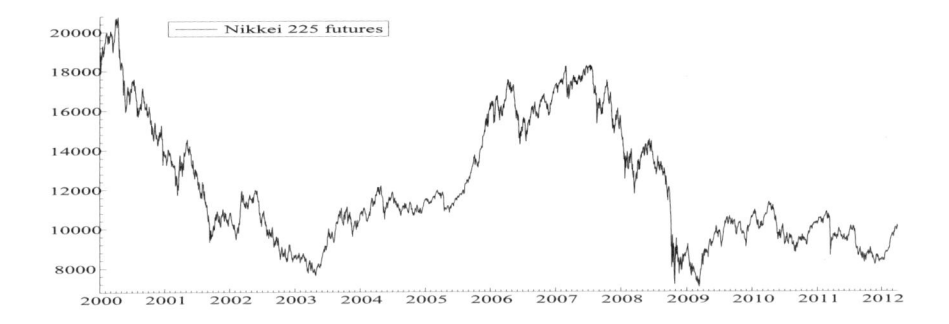

第6章 日経225先物のボラティリティの長期記憶性に関する分析　　　　83

図 6.1: 日経225先物終値 (2000/1/4 – 2012/10/31)

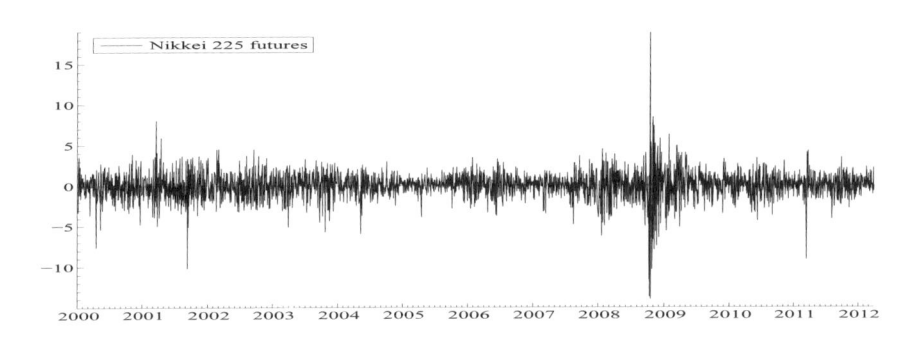

図 6.2: 日経225先物収益率 (2000/1/5 – 2012/10/31)

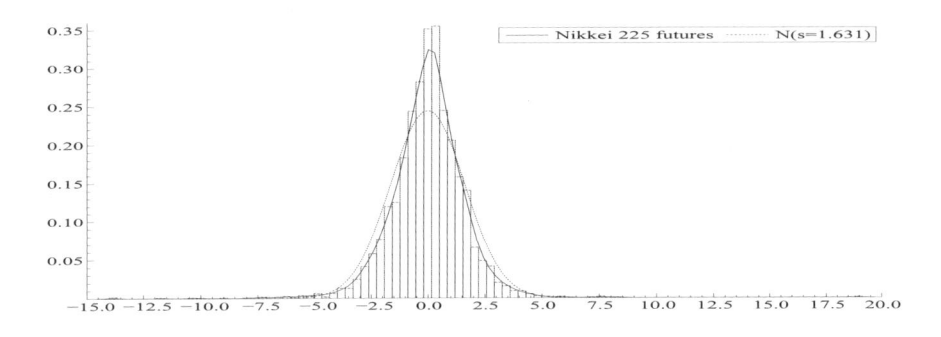

図 6.3: ヒストグラム・密度関数

6.3.2 実証結果

本章の実証結果は，表 6.2, 表 6.3, に纏められている．実証結果を纏めると以下のようになる．

(i) FIGARCH$(1, d, 0)$ モデル: μ に関しては，誤差項が正規分布，skewed-Student t 分布に従う場合には有意ではなく，GED, Student-t 分布に従う場合には統計的に有意な結果となった．ω に関しては，全ての分布に関して統計的に有意な推定値となった．長期記憶性を示す d の推定値は，0.481, 0.510, 0.493, 0.836 であり，統計的に有意な結果が得られた．ただし，d の推定値が $0 < d < 0.5$ の定常長期記憶過程の場合と $0.5 \leq d < 1$ の非定常長期記憶過程の場合に分かれる結果となった．β_1 はボラティリティの持続性を表すパラメータであり，全ての分布に関して統計的に有意な推定値となっている．自由度 ν に関して，Student-t 分布，skewed-Student t 分布の場合には推定値は各々 8.749, 9.369 であり統計的に有意な結果となり，各々，$\nu > 4$ となっている．また，GED の場合にも推定値は 1.479 であり統計的に有意な結果となり $\nu < 2$ となっている．これらの結果より，日経 225 先物価格の収益率は正規分布よりも裾の厚い分布に従っていることがわかる．また，非対称パラメータ $\ln(\xi)$ の推定値は -0.106 で統計的に有意であり，収益率の分布の左裾が厚いことを示している．

(ii) FIEGARCH$(1, d, 0)$ モデル: μ に関しては，全ての分布について統計的に有意ではなく，ω に関しては，全ての分布に関して統計的に有意な推定値となった．長期記憶性を示す d の推定値は，0.167, 0.467, 0.223, 0.138 であり，統計的に有意な結果が得られた．d の推定値が $0 < d < 0.5$ であるということは，日経 225 先物のボラティリティ σ^2 の過程は，定常長期記憶過程に従っていることがわかる．β_1 は，全ての分布に関して統計的に有意な推定値となっている．非対称性を示すパラメータ θ に関しては，全ての分布において統計的に有意な結果が得られた．自由度 ν に関して，Student-t 分布，skewed-Student t 分布の場合には推定値は各々 5.845, 12.10 であり統

計的に有意な結果となり $\nu > 4$ となっている．また，GED の場合にも推定値は 1.557 であり統計的に有意な結果となり $\nu < 2$ となっている．これらの結果より，ここでも日経 225 先物価格の収益率は正規分布よりも裾の厚い分布に従っていることがわかる．また，$\ln(\xi)$ の推定値は -0.110 で統計的に有意であり，ここでも日経 225 先物価格の収益率の分布の左裾が厚いことを示されている．

次に，FIGARCH$(1,d,0)$ モデルと FIEGARCH$(1,d,0)$ モデルの定式化が正しいかどうかのモデルの診断を Ljung - Box の Q 統計量により行なう[20]．表 6.2 の $Q(20)$ と $Q^2(20)$ は，各々20 次までの基準化した残差 ($\hat{\epsilon}\hat{\sigma}^{-1}$) とその 2 乗の Ljung - Box の Q 統計量を表している．ここでは，漸近的に自由度 20 の χ^2 分布に従う．FIGARCH$(1,d,0)$ モデルと FIEGARCH$(1,d,0)$ モデルに関して統計的に有意な推定値が得られていない．全ての $Q(20)$ と $Q^2(20)$ の値に対して，帰無仮説は 10%有意水準でも棄却することはできない．ここから，FIGARCH$(1,d,0)$ モデルと FIEGARCH$(1,d,0)$ モデルは，日経 225 先物のボラティリティの自己相関を捉えていることがわかる．

6.4 結論と今後の課題

本章では，FIGARCH$(1,d,0)$ モデル，FIEGARCH$(1,d,0)$ モデルを用いて日経 225 先物のボラティリティの変動性に関して分析を行なった．日経 225 先物価

---

[20] Ljung - Box の Q 統計量は，以下のように計算される．

$$Q^{LB} = T(T+2) \sum_{i=1}^{n} \frac{r_i^2}{T-i}$$

ここで，

$$r_i = \frac{T}{T-i} \frac{\sum_{t=i+1}^{T}(\hat{\epsilon_t}^2 - \bar{\epsilon})(\hat{\epsilon_{t-i}}^2 - \bar{\epsilon})}{\sum_{t=1}^{T}(\hat{\epsilon_t}^2 - \bar{\epsilon})^2}, \text{ for } \bar{\epsilon} = \frac{1}{T}\sum_{t=1}^{T}\epsilon_t^2$$

である．

表 6.2: FIGARCH$(1, d, 0)$ モデルの推定結果

$R_t = \mu + \epsilon_t,\ \epsilon_t = \sigma_t z_t,\ \sigma_t > 0,\ z_t \sim i.i.d., E[z_t] = 0,\ Var[z_t] = 1,$
$\sigma_t^2 = \omega\left[1 - \beta_1(L)\right]^{-1} + \left\{1 - [1 - \beta_1(L)]^{-1}(1 - L)^d\right\}\epsilon_t^2.$

	n	t	GED	skt
μ	0.035	0.049*	0.050*	0.028
	(1.546)	(2.249)	(2.247)	(1.249)
ω	0.094*	0.079*	0.084*	0.037*
	(5.066)	(3.939)	(2.034)	(2.094)
d	0.481*	0.510*	0.493*	0.836*
	(3.962)	(2.608)	(3.660)	(9.924)
β_1	0.425*	0.494*	0.459*	0.807*
	(3.229)	(2.418)	(3.193)	(11.63)
ν	−	8.749*	1.479*	9.369*
		(6.089)	(21.43)	(5.887)
$\ln(\xi)$	−	−	−	−0.106*
				(−4.308)
$\ln L$	−5526.07	−5481.37	−5488.41	−5472.48
$Q(20)$	12.25	11.61	11.90	11.66
$Q^2(20)$	20.36	36.25	24.56	29.76

(i) *は有意水準 5%で有意であることを示す.
(ii) 括弧内の数値は t 値を表す.

第6章 日経225先物のボラティリティの長期記憶性に関する分析

表 6.3: FIEGARCH$(1, d, 0)$ モデルの推定結果

$R_t = \mu + \epsilon_t,\ \epsilon_t = \sigma_t z_t,\ \sigma_t > 0,\ z_t \sim i.i.d., E[z_t] = 0,\ Var[z_t] = 1,$
$\ln(\sigma_t^2) = \omega + [1 - \beta_1(L)]^{-1}(1-L)^{-d}g(z_{t-1}),$
$g(z_{t-1}) = \theta z_{t-1} + \gamma[|z_{t-1}| - E|z_{t-1}|].$

	n	t	GED	skt
μ	0.011	0.076*	0.010	0.008
	(0.513)	(2.242)	(0.482)	(0.363)
ω	0.765*	0.914*	0.502*	0.426*
	(5.066)	(3.939)	(2.034)	(2.094)
d	0.167*	0.467*	0.223*	0.138*
	(3.254)	(9.650)	(2.440)	(2.664)
β_1	0.924*	0.388*	0.912*	0.945*
	(12.18)	(2.046)	(4.474)	(17.55)
θ	-0.089^*	-0.225^*	-0.082^*	-0.082^*
	(-4.668)	(-4.104)	(-3.947)	(-4.186)
γ	0.156*	0.006*	0.139*	0.138*
	(5.476)	(2.668)	(3.874)	(4.685)
ν	—	5.845*	1.557*	12.10*
		(9.177)	(21.21)	(4.724)
$\ln(\xi)$	—	—	—	-0.110^*
				(-4.258)
$\ln L$	-5486.08	-5559.74	-5461.73	-5448.24
$Q(20)$	14.38	20.52	13.70	13.72
$Q^2(20)$	19.52	27.52	19.50	20.83

(i) *は有意水準5%で有意であることを示す.
(ii) 括弧内の数値は t 値を表す.

格のデータを用いてボラティリティの長期記憶性に焦点を当て実証的な検証を行なった.

FIGARCH$(1, d, 0)$ モデルについては，誤差項が Student-t 分布, skewed-Student t 分布に従う場合には日経 225 先物のボラティリティは定常長期記憶過程に従っており，GED, Student-t 分布に従う場合には非定常長期記憶過程に従っていることが明らかとなった．また，FIEGARCH$(1, d, 0)$ モデルについては，ボラティリティは全ての分布に関して定常長期記憶過程に従っていることが明らかとなった．また，日経 225 先物の収益率とボラティリティとの間には非対称性があることがわかった．日経 225 先物価格の日次収益率の分布に対して Student-t 分布, GED, skewed-Student t 分布などの正規分布よりも裾の厚い分布を用いることは有効であるという結果を得た.

今後の課題としては，現物資産の日経 225 についてはオプション取引も行なわれているので，FIGARCH モデル，FIEGARCH モデルによるオプション価格付けへの応用を行なうことも重要である．その他の Fractionally Integrated ARCH 型モデルとして，Ding et al. (1993) の APARCH モデルを発展させた Tse (1998) の FIAPARCH モデル，Hwang (2001) の ASYMM-FIGARCH (Asymmetric FIGARCH) モデル，Davidson (2004) の HYGARCH モデルがある．これらのモデルも用いて，ボラティリティの長期記憶性の分析を行ない比較を行なうことやジャンプ過程，曜日効果などをモデルに組み込んで分析を行なうことなどが考えられる.

第 6 章の補論

補論 **A:** $\ln L_{(n)}$, $\ln L_{(t)}$, $\ln L_{(GED)}$, $\ln L_{(skt)}$

誤差項となる標準正規分布, 基準化された Student-t 分布, GED, 基準化された skewed-Student t 分布に対する対数尤度関数 $\ln L_{(n)}$, $\ln L_{(t)}$, $\ln L_{(GED)}$,

第6章 日経225先物のボラティリティの長期記憶性に関する分析

$\ln L_{(skt)}$ は以下のように記述される.

$$\ln L_{(n)} = -\frac{1}{2}\sum_{t=1}^{T}\left[\ln(2\pi) + \ln(\sigma_t^2) + z_t^2\right],$$

$$\ln L_{(t)} = T\left\{\ln\Gamma\left(\frac{\nu+1}{2}\right) - \ln\Gamma\left(\frac{\nu}{2}\right) - \frac{1}{2}\ln[\pi(\nu-2)]\right\}$$
$$- \frac{1}{2}\sum_{t=1}^{T}\left[\ln(\sigma_t^2) + (1+\nu)\ln\left(1 + \frac{z_t^2}{\nu-2}\right)\right],$$

$$\ln L_{(GED)} = \sum_{t=1}^{T}\left[\ln\left(\frac{\nu}{\lambda_\nu}\right) - \frac{1}{2}\left|\frac{z_t}{\lambda_\nu}\right|^\nu - \left(1 + \frac{1}{\nu}\right)\ln(2) - \ln\Gamma\left(\frac{1}{\nu}\right) - \frac{1}{2}\ln(\sigma_t^2)\right],$$

$$\ln L_{(skt)} = T\left\{\ln\Gamma\left(\frac{\nu+1}{2}\right) - \ln\Gamma\left(\frac{\nu}{2}\right) - \frac{1}{2}\ln[\pi(\nu-2)] + \ln\left(\frac{2}{\xi+\frac{1}{\xi}}\right) + \ln(s)\right\}$$
$$- \frac{1}{2}\sum_{t=1}^{T}\left\{\ln(\sigma_t^2) + (\nu+1)\ln\left[1 + \frac{(sz_t+m)^2}{\nu-2}\xi^{-2I_t}\right]\right\}.$$

補論 B: $E(|z_t|)_{(n)}$, $E(|z_t|)_{(t)}$, $E(|z_t|)_{(GED)}$, $E(|z_t|)_{(skt)}$

FIEGARCH $(1,d,0)$ モデルにおいて, (6.2.11) 式の標準正規分布, 基準化された Student-t 分布, GED, 基準化された skewed-Student t 分布に対する $E(|z_t|)_{(n)}$, $E(|z_t|)_{(t)}$, $E(|z_t|)_{(GED)}$, $E(|z_t|)_{(skt)}$ は以下のように表される.

$$E(|z_t|)_{(n)} = \sqrt{2/\pi},$$
$$E(|z_t|)_{(t)} = \frac{2\Gamma((1+\nu)/2)\sqrt{\nu-2}}{\sqrt{\pi}\Gamma(\nu/2)},$$
$$E(|z_t|)_{(GED)} = 2^{(1/\nu)}\lambda_\nu\frac{\Gamma(2/\nu)}{\Gamma(1/\nu)},$$
$$E(|z_t|)_{(skt)} = \frac{4\xi^2}{\xi+1/\xi}\frac{\Gamma((1+\nu)/2)\sqrt{\nu-2}}{\sqrt{\pi}\Gamma(\nu/2)}.$$

第7章　日経平均株価の長期トレンド分析

7.1　はじめに

　株式投資において上昇トレンドと下降トレンドが明確にわかれば，上昇トレンドの時には買い持ち下降トレンドのときには売り持ちを行なえば，各々利益を上げることができる．しかしながらトレンドを一般的に定義することは難しく，様々なトレンド分析手法が生み出されてきた．多くの投資家の間では，基本的なトレンド分析として25日移動平均線・75日移動平均線や13週移動平均線・26週移動平均線などの移動平均線や移動平均乖離率を使用する場合が多くみられる．しかしながら，これらの指標を用いても正確に株価の上昇トレンドと下降トレンドの転換点を知ることは困難であると思われる．

　時系列分析では代表的なトレンド分析モデルとして，MS (Markov-Switching; MS) モデルがある．また，資産価格分析では，ボラティリティが変動するモデルを利用するのが一般的である．ボラティリティ変動モデル対してMSモデルを用いた日本の株式市場の実証研究として，TOPIXに関しては，里吉 (2004), 大鋸・大屋 (2009) などの研究がある．また，日経平均に関しては，里吉・三井 (2011a, 2011b, 2013a) などの研究がある．本章では，MSモデルと代表的なボラティリティ変動モデルであるGARCHモデルを組み合わせたMS-GARCHモデルを用いて日経平均株価の長期のブル相場とベア相場のトレンド分析を行なう．

---

†本章は，三井 (2014a) の論文を加筆・修正したものである．

本章の以下の構成は次の通りである．7.2 節では，MS-GARCH モデルについて説明する．7.3 節では，本章で利用した日経 225 データと実証結果に関して述べる．最後の 7.4 節では，結論と今後の課題について言及する．

7.2 分析モデル

ここでは，MS-GARCH モデルに関して簡単に説明する[1]．GARCH の次数選択は GARCH(1,1) とし，MS-GARCH(1,1) モデルを考える．t 時点の日経平均株価収益率を R_t とするとき，収益率 R_t の過程とボラティリティ σ_t^2 の過程を以下のようにおく．

$$R_t = \mu(s_t) + \epsilon_t(s_t), \tag{7.2.1}$$

$$\epsilon_t(s_t) = \sigma_t(s_t)z_t,\ z_t \sim i.i.d., E[z_t] = 0,\ Var[z_t] = 1, \tag{7.2.2}$$

$$\sigma_t^2(s_t) = \omega(s_t) + \alpha(s_t)\epsilon_{t-1}^2(s_t) + \beta(s_t)\sigma_{t-1}^2(s_t), \tag{7.2.3}$$

$$\sigma_{t-1}^2(s_t) = E[\sigma_{t-1}^2(s_{t-1})|s_t, I_{t-1}]. \tag{7.2.4}$$

ここで，$\mu(s_t)$ は定数項，$\epsilon_t(s_t)$ は誤差項であり，収益率に自己相関は無いと仮定する．$i.i.d.$ は，過去と独立で同一な分布を表す．$E[\cdot]$ は期待値，$Var[\cdot]$ は分散，$E[\cdot|\cdot]$ は条件付期待値を各々表す．I_{t-1} は，$t-1$ 時点までの情報集合 $I_{t-1} = \{R_{t-1}, R_{t-2}, \cdots\}$ を表す．また，定数項 $\mu(s_t)$ とボラティリティ $\sigma_t(s_t)$ は確率変数 s_t に従って同時にスイッチングしていると仮定する．ボラティリティの非負性を保証するため $\omega(s_t),\ \alpha(s_t),\ \beta(s_t) > 0$ であると仮定する．MS モデル MS@MS モデルでは，観測されない確率変数 s_t はマルコフ過程に従い，以下の推移確率 (transition probability) により定義される．

$$p_{i|j} = Pr[s_{t+1} = i|s_t = j],\ i,j = 0,1. \tag{7.2.5}$$

ここで，$Pr[s_{t+1} = i|s_t = j]$ は状態 j から状態 i に推移する確率を表す[2]．ただし，今期の状態 j から次期の状態 i へ推移する確率は，以下のように今期の状

---
[1] 詳しくは，Gray (1996)，Klaassen (2002)，Haas et al. (2004) を参照．
[2] $p_{ji} = Pr[s_{t+1} = i|s_t = j]$ と表記される場合もある．

第7章 日経平均株価の長期トレンド分析

態のみに依存する.

$$Pr[s_{t+1}=i|s_t=j,s_{t-1},s_{t-2,\cdots}]=p_{i|j}=Pr[s_{t+1}=i|s_t=j]. \qquad (7.2.6)$$

ここで,

$$\sum_{i=0}^{1} p_{i|j}=1,\ j=0,1 \qquad (7.2.7)$$

となる. このとき, s_t の推移確率行列 (transition matrix) $\mathbf{P}$ は,

$$\mathbf{P}=\left(\begin{array}{cc} p_{0|0} & p_{0|1} \\ p_{1|0} & p_{1|1} \end{array}\right) \qquad (7.2.8)$$

となる. ただし, $0 \leq p_{0|0},\ p_{1|1} \leq 1$ である.

本研究では, $s_t=0$ のときブル相場と考え, $s_t=1$ のときベア相場と考えることにする. したがって, $p_{1|0}$ はブル相場からベア相場への推移確率を表し, $p_{0|1}$ は, ベア相場からブル相場への推移確率を表す. また, $p_{0|0}$, $p_{1|1}$ は, 各々, ブル相場が持続する推移確率, ベア相場が持続する推移確率を表す. また, $\mu(0) > \mu(1)$ という制約をおく.

実証分析を行なう際には誤差項の分布は, 以下のように標準正規分布に従うと仮定する[3].

$$z_t \sim i.i.d.N(0,1). \qquad (7.2.9)$$

このとき, パラメータ集合を Θ とすると, 推定されるパラメータは $\Theta=\{\mu(0), \mu(1), \omega(0), \omega(1), \alpha(0), \alpha(1), \beta(0), \beta(1), p_{0|0}, p_{1|1}\}$ となる. パラメータの推定に関しては, 統計・時系列分析ソフト *PcGive* を利用して最尤法を用いて行なう[4].

---

[3] 株価収益率の分布は正規分布に比べると裾が厚い分布に従うことが知られている. そのため誤差項は t 分布や GED などの裾が厚い分布を用いて分析を行なうことが必要である. この点は, 今後の課題としたい.

[4] *PcGive* による MS モデルの推定に関して詳しくは, Doornik and Hendry (2013) を参照.

表 7.1: 月次収益率 R_t (%) の基本統計量

1949 年 6 月 – 2013 年 10 月

標本数：773

平均	標準偏差	歪度	尖度	最大値	最小値	正規性検定
0.569	5.909	−0.486	4.649	23.002	−27.216	49.991

7.3 データと実証結果

7.3.1 データ

本章では, データとして月次の日経平均株価を使用し, 日経 NEEDS-Financial Quest からデータを取得した. 標本期間は, 1949 年 5 月から 2013 年 10 月までである (図 7.1 の実線を参照). 収益率は, 各々の終値の変化率 (%) として計算した (図 7.2 の実線を参照). 日経平均株価収益率の標本期間は, 1949 年 6 月から 2013 年 10 月まで, 標本数は 773 である. データの基本統計量として, 平均, 標準偏差, 歪度, 尖度, 最大値, 最小値, 正規性の検定統計量[5] が表 7.1 に纏められている. 日経平均株価収益率のヒストグラム・密度関数は, 図 7.3 に描かれている. ここでは, 密度関数と正規近似が重ねて描かれている. $N(s = 5.909)$ は, 表 7.1 より正規近似が平均 0.569, 分散が 5.909^2 の正規分布 $N(0.569, 5.909^2)$ に従うことを表している.

7.3.2 実証結果

表 7.2 には, MS-GARCH(1,1) モデルの推定結果を示した. $\mu(0)$, $\mu(1)$ の推定値は, 各々, 1.664, −2.854 であり, 統計的に有意な推定結果が得られている. ブル相場を示す $\mu(0)$ はプラスとなり, ベア相場を示す $\mu(1)$ はマイナスと

---

[5] 収益率分布の正規性検定を行なう際には, 6.3 節と同様に歪度と尖度を用いる Jarque and Bera (1987) の方法を利用した.

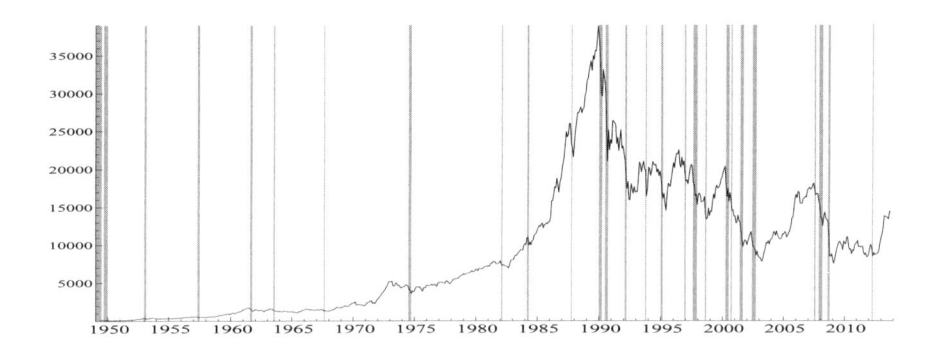

第 7 章 日経平均株価の長期トレンド分析

図 7.1: 日経平均株価とベア局面 (1949 年 5 月 – 2013 年 10 月)

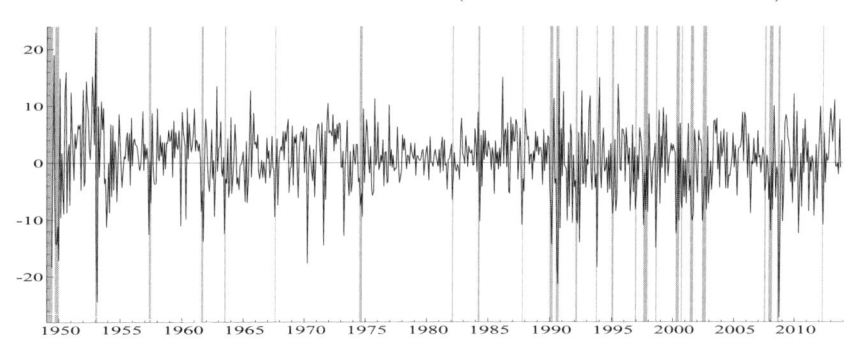

図 7.2: 月次収益率とベア局面 (1949 年 6 月 – 2013 年 10 月)

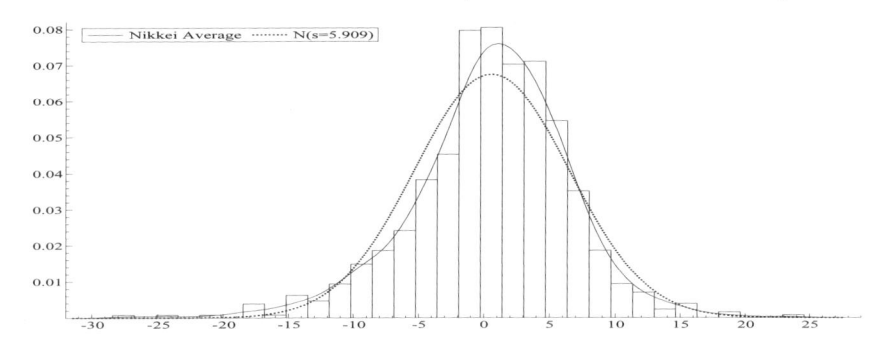

図 7.3: ヒストグラムと密度関数 (1949 年 6 月 – 2013 年 10 月)

表 7.2: MS-GARCH(1,1) モデルの推定結果

$R_t = \mu(s_t) + \epsilon_t(s_t)$, $\epsilon_t(s_t) = \sigma(s_t)z_t$, $z_t \sim i.i.d.N(0,1)$,
$\sigma_t^2(s_t) = \omega(s_t) + \alpha(s_t)\epsilon_{t-1}^2(s_t) + \beta(s_t)\sigma_{t-1}^2(s_t)$,

$$\mathbf{P} = \begin{pmatrix} p_{0|0} & p_{0|1} \\ p_{1|0} & p_{1|1} \end{pmatrix}.$$

	$\mu(0)$	$\mu(1)$	$\omega(0)$	$\omega(1)$	$\alpha(0)$	$\alpha(1)$
推定値	1.664*	−2.854*	0.456*	2.196*	0.055*	0.211*
標準誤差	(0.218)	(1.022)	(0.206)	(1.103)	(0.021)	(0.102)

	$\beta(0)$	$\beta(1)$	$p_{0|0}$	$p_{1|1}$	$-\ln L$	$Q(20)$	$Q^2(20)$
推定値	0.899*	0.747*	0.875*	0.613*	−2386.365	28.626	19.690
標準誤差	(0.035)	(0.119)	(0.039)	(0.138)			

* は有意水準 5 % で有意であることを示す.

第 7 章 日経平均株価の長期トレンド分析

なった. したがって, 状態変数 s_t が $s_t = 0$ のとき日経平均はブル相場であり, $s_t = 1$ のとき日経平均はベア相場であることが確認された. $\omega(0)$, $\omega(1)$ の推定値は, 各々, 0.456, 2.196 であり, 統計的に有意な推定結果が得られている. $\omega(0) < \omega(1)$ となることから, ベア相場の方がブル相場よりもボラティリティの値が大きいことがわかる. ボラティリティのショックの持続性を示すパラメータの推定値は, $\alpha(0) + \beta(0) = 0.954$, $\alpha(1) + \beta(1) = 0.954$ となり, ブル相場・ベア相場においてショックの持続性が高くなるという結果となった.

s_t の推移確率 $p_{0|0}$, $p_{1|1}$ の推定値はそれぞれ 0.875, 0.613 であり, 統計的に有意な推定結果となった. $p_{0|0}$ は, 1 に近いので一度ブルにスイッチングを起こすと, その状態が長く続くことを示唆している. $p_{0|0} > p_{1|1}$ であることから, ベア相場はブル相場ほど長くは続かないことがわかる. また, 平均 μ とボラティリティ σ は状態変数 s_t に従って同時にスイッチングしているため, 一度ロー・ボラティリティにスイッチングするとその状態が長く続くが, ハイ・ボラティリティの状態はあまり長く続かないことが分かる. $Q(20)$ と $Q^2(20)$ は, 各々20次までの基準化した残差 ($\hat{\varepsilon}\hat{\sigma}^{-1}$) とその 2 乗の Ljung - Box の Q 統計量を表している. ここでは, 漸近的に自由度 20 の χ^2 分布に従う. $Q(20)$ と $Q^2(20)$ の値に対して, 帰無仮説は 5%有意水準では棄却することはできない. ここから, MS-GARCH(1,1) モデルは, 日経平均のボラティリティの自己相関を捉えていることがわかる.

表 7.3 は, 日経平均の $s_t = 0$ (ブル相場) のときの局面の期間を示している. ブル相場の総月数は, 670ヶ月 (全体の 86.68%) であり, 平均的なブル相場の期間は, 14.26ヶ月という結果となった. 表 7.4 は, 日経平均の $s_t = 1$ (ベア相場) のときの局面の期間を示している. ベア相場の総月数は, 103ヶ月 (全体の 13.32%) であり, 平均的なベア相場の期間は, 2.19ヶ月という結果となった. これらの結果は, 日経平均株価は上昇するのには時間がかかるが, 下落は上昇期間に比べて非常に短いことを明白にしている. また, 図 7.1・図 7.2 の影部は, 日経平均のベア局面を表している. 特に, 図 7.1 のグラフから, 急落局面を上手く捉えていることがわかる.

表 7.3: ブル相場の期間 ($s_t = 0$)

総月数: 670ヶ月 (86.68%), 平均月数: 14.26ヶ月.

期間 (年-月)	月数	Avg. Prob.
1949-08 – 1949-08	1	0.559
1950-02 – 1952-12	35	0.821
1953-04 – 1957-04	49	0.845
1957-08 – 1959-11	28	0.892
1960-01 – 1960-04	4	0.739
1960-06 – 1961-07	14	0.891
1961-11 – 1962-08	10	0.768
1962-10 – 1963-06	9	0.811
1963-09 – 1965-02	18	0.751
1965-04 – 1965-04	1	0.527
1965-06 – 1967-07	26	0.845
1967-10 – 1967-10	1	0.586
1967-12 – 1970-03	28	0.862
1970-05 – 1971-07	15	0.828
1971-09 – 1973-03	19	0.869
1973-05 – 1974-06	14	0.769
1974-11 – 1975-07	9	0.824
1975-09 – 1981-08	72	0.899
1981-10 – 1982-01	4	0.848
1982-04 – 1984-02	23	0.895
1984-06 – 1985-06	13	0.886
1985-08 – 1986-02	7	0.875
1986-04 – 1987-09	18	0.842
1987-12 – 1989-12	25	0.896

1990-05 – 1990-06	2	0.587
1990-11 – 1992-01	15	0.727
1992-05 – 1992-05	1	0.502
1992-07 – 1993-09	15	0.824
1993-12 – 1994-12	13	0.778
1995-04 – 1995-04	1	0.545
1995-06 – 1996-06	13	0.868
1996-08 – 1996-11	4	0.654
1997-02 – 1997-07	6	0.794
1998-01 – 1998-07	7	0.752
1998-10 – 2000-03	18	0.872
2000-08 – 2000-08	1	0.520
2000-11 – 2001-05	7	0.644
2001-10 – 2002-05	8	0.809
2002-11 – 2005-03	29	0.833
2005-05 – 2006-04	12	0.858
2006-06 – 2007-06	13	0.897
2007-09 – 2007-10	2	0.565
2008-04 – 2008-07	4	0.672
2008-11 – 2010-04	18	0.797
2010-06 – 2011-07	14	0.752
2011-09 – 2012-03	7	0.734
2012-06 – 2013-10	17	0.877

Avg. Prob. は，当該期間の平滑化確率の平均を表す．

表 7.4: ベア相場の期間 $(s_t = 1)$

総月数: 103ヶ月 (13.32%), 平均月数: 2.19ヶ月.

期間 (年-月)	月数	Avg. Prob.
1949-06 – 1949-07	2	0.746
1949-09 – 1950-01	5	0.686
1953-01 – 1953-03	3	0.961
1957-05 – 1957-07	3	0.755
1959-12 – 1959-12	1	0.998
1960-05 – 1960-05	1	0.806
1961-08 – 1961-10	3	0.961
1962-09 – 1962-09	1	0.731
1963-07 – 1963-08	2	0.770
1965-03 – 1965-03	1	0.700
1965-05 – 1965-05	1	0.681
1967-08 – 1967-09	2	0.790
1967-11 – 1967-11	1	0.661
1970-04 – 1970-04	1	1.000
1971-08 – 1971-08	1	0.996
1973-04 – 1973-04	1	0.987
1974-07 – 1974-10	4	0.823
1975-08 – 1975-08	1	0.554
1981-09 – 1981-09	1	0.752
1982-02 – 1982-03	2	0.755
1984-03 – 1984-05	3	0.735
1985-07 – 1985-07	1	0.566
1986-03 – 1986-03	1	0.996
1987-10 – 1987-11	2	0.791

1990-01 – 1990-04	4	0.833
1990-07 – 1990-10	4	0.808
1992-02 – 1992-04	3	0.634
1992-06 – 1992-06	1	0.625
1993-10 – 1993-11	2	0.774
1995-01 – 1995-03	3	0.678
1995-05 – 1995-05	1	0.611
1996-07 – 1996-07	1	0.628
1996-12 – 1997-01	2	0.604
1997-08 – 1997-12	5	0.715
1998-08 – 1998-09	2	0.794
2000-04 – 2000-07	4	0.828
2000-09 – 2000-10	2	0.566
2001-06 – 2001-09	4	0.727
2002-06 – 2002-10	5	0.648
2005-04 – 2005-04	1	0.504
2006-05 – 2006-05	1	0.848
2007-07 – 2007-08	2	0.695
2007-11 – 2008-03	5	0.841
2008-08 – 2008-10	3	0.861
2010-05 – 2010-05	1	0.694
2011-08 – 2011-08	1	0.734
2012-04 – 2012-05	2	0.689

Avg. Prob. は，当該期間の平滑化確率の平均を表す．

7.4 結論と今後の課題

本章では，MS-GARCH(1,1) モデルを用いて日経平均株価の長期のトレンド分析を行なった．日経平均株価の月次データを用いてブル相場とベア相場に焦点を当て実証的な検証を行なった結果として，日経平均には統計的に有意にブル相場とベア相場があることがわかった．すなわち，期待収益率が高くボラティリティが低い状態のブル相場と期待収益率が低くボラティリティが高い状態のベア相場を捉えることができた．また，日経平均株価は上昇するには長い期間が必要であるが，下落は上昇期間に比べて非常に短い期間で起こっていることが明らかとなった．

今後の課題としては，本章ではボラティリティの変動を GARCH モデルを用いて定式化したが，里吉・三井 (2011b) では，MS-EGARCH モデルにより日次データを用いて日経平均のブル・ベア相場の分析を行なっている．そのため MS-EGARCH モデルによる長期のトレンド分析を行なうことが考えられる．また，Maheu et al. (2012) では，トレンドの識別をブル相場とベア相場の2つの局面だけでなく，トレンドをベア局面 (bear market)，反発局面 (bear market rally)，ブル局面 (bull market)，調整局面 (bear market correction) の4局面に分解する4状態 MS モデルを提案している[6]．里吉・三井 (2013a, 2013b) では，Maheu et al. (2012) に従い，4状態 MS モデル用いて日経平均のトレンド分析を行なっている．同様に Mitsui (2013) では，日経225先物で実証分析を行なっている．そのためトレンドを細かく分けて長期のトレンド分析することも重要である．

---

[6] 三井 (2011) は，4状態 MS モデルに対してボラティリティの変動に EGARCH モデルを考慮したモデルに関してサーベイを行なっている．

第8章 日経225先物とTOPIX先物のブル・ベア相場の分析

8.1 はじめに

トレンドが存在するのであれば，時系列モデルによって上昇・下降トレンド，いわゆるブル相場とベア相場を観測できる可能性がある．代表的なトレンドの分析モデルとして，第7章で分析モデルとして用いた MS モデルがある．MS モデルによるトレンド分析では，トレンドをブルとベアの2局面に分解する．株価の変化率の平均は正の値と負の値の2つの状態をとり，正の値が続けば上昇トレンド (ブル相場)，負の値が続けば下降トレンド (ベア相場) として，その2つの状態はマルコフ過程に従って推移するものと仮定する．資産価格の時系列分析には，ボラティリティが変動するモデルを利用するのが一般的である．ボラティリティ変動モデルに対して MS モデルを用いた代表的な研究として，Hamilton and Susmel (1994), Cai (1994) の MS-ARCH モデルや Gray (1996), Klaassen (2002), Haas et al. (2004) の MS-GARCH モデルが知られている．日本の株式市場においては，里吉 (2004) では TOPIX に関して，Satoyoshi and Mitsui (2011), 里吉・三井 (2011b) では日経平均に関して，MS モデルを用いた分析を行なっている．

近年では，ヘッジファンドや大口投資家による先物主導相場により市場が乱高下する状況が多くみられるため，本研究では日経平均や TOPIX などの株価指数

---

† 本章は，Mitsui (2014) の論文を日本語に直し，加筆・修正したものである．

ではなく日経225先物とTOPIX先物のブル相場・ベア相場の分析を行なう．実証分析を進めるにあたっては，2000年1月4日から2013年9月30日までの日経225先物とTOPIX先物の日次データを用いて実証的な検証を行なった．分析モデルとして，MS-ARMA-GARCH (Markov-Switching Autoregressive Moving Average GARCH) モデルを利用した．実証分析の結果として，日経225先物とTOPIX先物には統計的に有意にブル相場とベア相場があることがわかった．すなわち，期待収益率が高くボラティリティが低い状態のブル相場と期待収益率が低くボラティリティが高い状態のベア相場を捉えることができた．また，日経225先物とTOPIX先物のブル・ベア相場の分析に関して，MS-ARMA-GARCHモデルやMS-GARCHモデルを用いることは有効であることが明らかとなった．

本章の以下の構成は次の通りである．8.2節では，MS-ARMA-GARCHモデルに関して解説し，本研究で比較するモデルについて説明する．8.3節では，本研究で利用した日経225先物とTOPIX先物データと実証結果に関して述べる．最後の8.3節では，まとめと今後の課題について言及する．

8.2 分析モデル

8.2.1 MS-ARMA(1,1)-GARCH(1,1) モデル

ここでは，Haas et al. (2004) のMS-GARCHモデルを基にしたMS-ARMA-GARCHモデルに関して説明する．ARMAとGARCHの次数選択は，ARMA(1,1)-GARCH(1,1)とし，MS-ARMA(1,1)-GARCH(1,1)モデルを考える．t時点の資産価格の収益率をR_tとするとき，収益率R_tの過程とボラティリティσ^2の過程を以下のようにおく．

$$R_t = \mu(s_t) + \phi(s_t)R_{t-1} + \epsilon(s_t) + \psi(s_t)\epsilon_{t-1}(s_t), \tag{8.2.1}$$

$$\epsilon_t(s_t) = \sigma(s_t)z_t, \; z_t \sim i.i.d., E[z_t] = 0, \; Var[z_t] = 1, \tag{8.2.2}$$

$$\sigma^2(s_t) = \omega(s_t) + \alpha(s_t)\epsilon_{t-1}^2(s_t) + \beta(s_t)\sigma_{t-1}^2(s_t). \tag{8.2.3}$$

第8章 日経225先物とTOPIX先物のブル・ベア相場の分析

ここで, $\mu(s_t)$ は定数項, $\epsilon(s_t)$ は誤差項であり収益率に自己相関は無いと仮定する. i.i.d. は, 過去と独立で同一な分布を表す. $E[\cdot]$ は期待値, $Var[\cdot]$ は分散を各々表す. また, 定数項 μ とボラティリティ σ は確率変数 s_t に従って同時にスイッチングしていると仮定する. ボラティリティの非負性を保証するため $\omega(s_t), \alpha(s_t), \beta(s_t) > 0$ であると仮定する. MS モデルでは, 観測されない確率変数 s_t はマルコフ過程に従い, 以下の推移確率により定義される.

$$p_{i|j} = Pr[s_{t+1} = i | s_t = j], \; i,j = 0,1. \tag{8.2.4}$$

ここで, $Pr[s_{t+1} = i | s_t = j]$ は状態 j から状態 i に推移する確率を表す. ただし, 今期の状態 j から次期の状態 i へ推移する確率は, 以下のように今期の状態のみに依存する.

$$Pr[s_{t+1} = i | s_t = j, s_{t-1}, s_{t-2},...] = p_{i|j} = Pr[s_{t+1} = i | s_t = j]. \tag{8.2.5}$$

ここで,

$$\sum_{i=0}^{1} p_{i|j} = 1, \; j = 0,1. \tag{8.2.6}$$

となる. このとき, s_t の推移確率行列 $\mathbf{P}$ は,

$$\mathbf{P} = \begin{pmatrix} p_{0|0} & p_{0|1} \\ p_{1|0} & p_{1|1} \end{pmatrix} \tag{8.2.7}$$

となる. ただし, $0 \leq p_{0|0}, p_{1|1} \leq 1$ である.

本研究では, $s_t = 0$ のときブル相場と考え, $s_t = 1$ のときベア相場と考えることにする. したがって, $p_{1|0}$ はブル相場からベア相場への推移確率を表し, $p_{0|1}$ は, ベア相場からブル相場への推移確率を表す. また, $p_{0|0}, p_{1|1}$ は, 各々, ブル相場が持続する推移確率, ベア相場が持続する推移確率を表す. また, $\mu(0) > \mu(1)$ という制約をおく[1].

---

[1] 資産価格データによっては, $\mu(0) > 0$, $\mu(1) < 0$ に必ずしもなるわけではない.

実証分析を行なう際には誤差項の分布は，以下のように標準正規分布に従うと仮定する．

$$z_t \sim i.i.d.N(0,1). \tag{8.2.8}$$

8.2.2 推定法

パラメータ集合を Θ とすると，推定されるパラメータは $\Theta = \{\mu(0), \mu(1), \phi(0), \phi(1), \psi(0), \psi(1), \omega(0), \omega(1), \alpha(0), \alpha(1), \beta(0), \beta(1), p_{0|0}, p_{1|1}\}$ となる．尤度関数を $L(\theta)$ とするとき，尤度関数 $L(\theta)$ は以下のようになる．

$$L(\theta) = f(R_1, R_2, \cdots, R_T) = \prod_{t=1}^{T} f(R_t|I_{t-1};\theta)$$
$$= \prod_{t=1}^{T} \sum_{j=0}^{1} (R_t|s_t=j, I_{t-1}) \Pr[s_t=j, |I_{t-1}]. \tag{8.2.9}$$

このとき，対数尤度 $\ln L$ は，

$$\ln L = \sum_{t=1}^{T} \ln\left\{\sum_{j=0}^{1} (R_t|s_t=j, I_{t-1};\theta) \Pr[s_t=j, |I_{t-1};\theta]\right\}$$
$$= \sum_{t=1}^{T} \ln\left\{\mathbf{i}'\left(\boldsymbol{\eta}_t \odot \hat{\boldsymbol{\xi}}_{t|t-1}\right)\right\} \tag{8.2.10}$$

となる．ここで，

$$\mathbf{i} = \begin{pmatrix} 1 \\ 1 \end{pmatrix}, \quad \boldsymbol{\eta}_t = \begin{pmatrix} f(R_t|s_t=0, I_{t-1};\theta) \\ f(R_t|s_t=1, I_{t-1};\theta) \end{pmatrix}, \quad \hat{\boldsymbol{\xi}}_{t|t-1} = \begin{pmatrix} \Pr[s_t=0, |I_{t-1};\theta] \\ \Pr[s_t=1, |I_{t-1};\theta] \end{pmatrix}.$$

ここで，$\odot$ はベクトルの成分ごとの乗法を表す．(8.2.10) 式の $\hat{\boldsymbol{\xi}}_{t|t-1}$ は，Hamilton (1989) の提案したフィルタリング手法 (Hamilton Filter) によって求めることができる[2]．このとき，$\hat{\boldsymbol{\xi}}_{t|t-1}$ は，以下のように表現することができる．

$$\hat{\boldsymbol{\xi}}_{t|t-1} = (\mathbf{P} \otimes \mathbf{Q})\hat{\boldsymbol{\xi}}_{t-1|t-1}, \tag{8.2.11}$$

---
[2] 詳しくは，Kim and Nelson (1999) を参照．

第 8 章 日経 225 先物と TOPIX 先物のブル・ベア相場の分析

$$\hat{\boldsymbol{\xi}}_{t|t} = \frac{\left(\boldsymbol{\eta}_t \odot \hat{\boldsymbol{\xi}}_{t|t-1}\right)}{\mathbf{i}'\left(\boldsymbol{\eta}_t \odot \hat{\boldsymbol{\xi}}_{t|t-1}\right)}. \tag{8.2.12}$$

ここで, $\otimes$ は Kronecker 積を表す. 上記の (8.2.11), (8.2.12) 式を交互に繰り返すことによって, $t = 1, 2, \ldots, T$ について $\hat{\boldsymbol{\xi}}_{t|t-1}$ を求めることができ, (8.2.10) 式に代入する[3].

パラメータの推定に関しては, 統計・時系列分析ソフト *PcGive* を利用して最尤法を用いて行なう.

8.2.3 モデルの比較

実証分析では, MS-ARMA(1,1)-GARCH(1,1) モデル有用性を調べるため, MS-ARMA(1,1)-GARCH(1,1) モデルが包含している以下のような定式化の異なるモデルについても推定を行なうことにする.

(*i*) MS-ARMA(1,1)-GARCH(1,1)-c モデル: (8.2.2), (8.2.3), (8.2.8) 式と

$$R_t = \mu(s_t) + \phi R_{t-1} + \epsilon_t(s_t) + \psi \epsilon_{t-1}, \tag{8.2.13}$$

から成るモデルである. MS-ARMA(1,1)-GARCH(1,1) モデルにおいて, ARMA の係数 ϕ, ψ は固定とする.

(*ii*) MS-ARMA(1,0)-GARCH(1,1) モデル: (8.2.2), (8.2.3), (8.2.8) 式と

$$R_t = \mu(s_t) + \phi(s_t) R_{t-1} + \epsilon_t(s_t), \tag{8.2.14}$$

から成るモデルである.

(*iii*) MS-ARMA(1,0)-GARCH(1,1)-c モデル: (8.2.2), (8.2.3), (8.2.8) 式と

$$R_t = \mu(s_t) + \phi R_{t-1} + \epsilon_t(s_t), \tag{8.2.15}$$

から成るモデルである. MS-ARMA(1,0)-GARCH(1,1) モデルにおいて, ARMA の係数 ϕ は固定とする.

---
[3] 詳しくは, Satoyoshi and Mitsui (2011) を参照.

(iv) MS-GARCH(1,1) モデル: (8.2.2), (8.2.3), (8.2.8) 式と

$$R_t = \mu(s_t) + \epsilon_t(s_t), \tag{8.2.16}$$

から成るモデルである.

(v) MS モデル: (8.2.2), (8.2.3), (8.2.8) 式と

$$R_t = \mu(s_t) + \epsilon_t(s_t), \tag{8.2.17}$$

から成るモデルである.

(vi) ARMA(1,1)-GARCH(1,1) モデル: 収益率 R_t の過程とボラティリティ σ^2 の過程が以下のようなモデルである.

$$R_t = \mu + \phi R_{t-1} + \epsilon_t + \psi \epsilon_{t-1}, \tag{8.2.18}$$

$$\epsilon_t = \sigma z_t,\ z_t \sim i.i.d.N(0,1), \tag{8.2.19}$$

$$\sigma^2 = \omega + \alpha \epsilon_{t-1}^2 + \beta \sigma_{t-1}^2. \tag{8.2.20}$$

(vii) ARMA(1,0)-GARCH(1,1) モデル: (8.2.19), (8.2.20) 式と

$$R_t = \mu + \phi R_{t-1} + \epsilon_t, \tag{8.2.21}$$

から成るモデルである.

($viii$) GARCH(1,1) モデル: (8.2.19), (8.2.20) 式と

$$R_t = \mu + \epsilon_t, \tag{8.2.22}$$

から成るモデルである.

8.3 データと実証結果

8.3.1 データ

本研究では, データとして大阪証券取引所で取引されている日経 225 先物取引[4] の期近物を使用する. 9：00 – 15:15 に取引される日経 225 先物取引を研究

---
[4] 日経 225 先物取引に関して詳しくは, 以下の大阪証券取引所の Website を参照.
<http://www.ose.or.jp/derivative/225futures>

第 8 章 日経 225 先物と TOPIX 先物のブル・ベア相場の分析

対象とし，16：00 – 翌日 3:00 のナイト・セッションに関しては研究対象としない[5]．また，東京証券取引所で取引されている TOPIX 先物取引[6] の期近物を使用する．9：00 – 15:15 に取引される TOPIX 先物取引を研究対象とし，16：30 – 23:30 のイブニング・セッションに関しては研究対象としない．各々のデータは，日経 NEEDS-FinancialQuest からデータを取得した．標本期間は，2000 年 1 月 4 日から 2013 年 9 月 30 日までである (図 8.1, 図 8.2 を参照)．収益率は，各々の先物取引終値の変化率 (%) として計算した (図 8.3, 図 8.4 を参照)．標本期間は，2000 年 1 月 5 日から 2013 年 9 月 30 日までであり，標本数は 3,376 である．

データの基本統計量として，平均, 標準偏差, 歪度, 尖度, 最大値, 最小値, 正規性の検定統計量[7] が表 8.1 に纏められている．日経 225 先物の収益率に関しては，尖度の値が 3 を超えていることから，また，正規性検定が有意なことから，日経 225 先物の収益率の分布は正規分布よりも裾が厚いことがわかる．日経 225 先物の収益率のヒストグラム・密度関数は，図 8.5 に描かれている．ここでは，密度関数と正規近似が重ねて描かれている．$N(s = 1.643)$ は，表 8.1 より正規近似が平均 -0.008, 分散が 1.643^2 の正規分布 $N(-0.008, 1.643^2)$ に従うことを表している．TOPIX 先物の収益率に関しても，尖度の値が 3 を超えていることから，また，正規性検定が有意なことから，TOPIX 先物の収益率の分布は正規分布よりも裾が厚いことがわかる．TOPIX 先物の収益率のヒストグラム・密度関数は，図 8.6 に描かれている．$N(s = 1.563)$ は，表 8.1 より正規近似が平均 -0.0011, 分散が 1.563^2 の正規分布 $N(-0.0011, 1.563^2)$ に従うことを表している．

---

[5] 本研究では，CME や SGX-DT で取引されている日経 225 先物取引も対象外とする．
[6] TOPIX 先物取引に関して詳しくは，以下の東京証券取引所の Website を参照．
<http://www.tse.or.jp/rules/topixf/topixf7.html>
[7] 収益率分布の正規性検定を行なう際には，6.3 節と同様に歪度と尖度を用いる Jarque and Bera (1987) の方法を利用した．

110

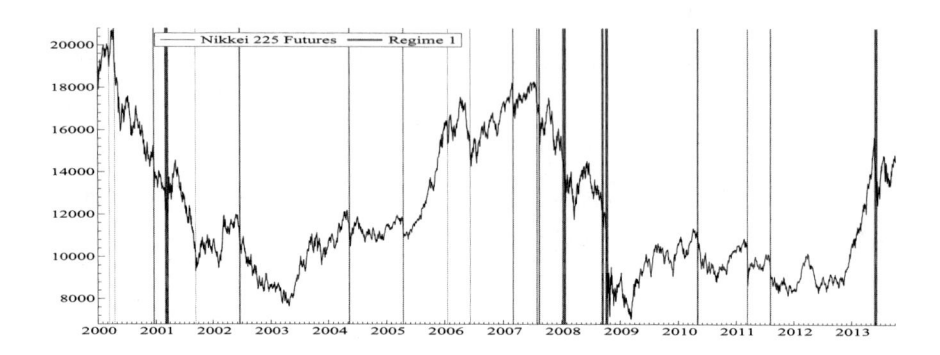

図 8.1: 日経 225 先物終値とベア局面 (2000/1/4 – 2013/9/30)

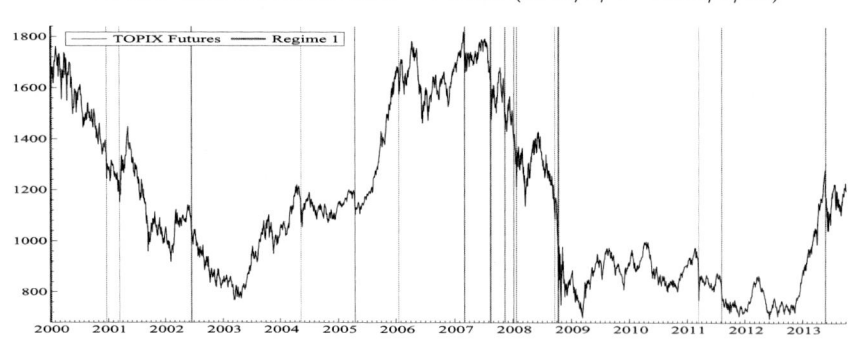

図 8.2: TOPIX 先物終値と ベア局面 (2000/1/4 – 2013/9/30)

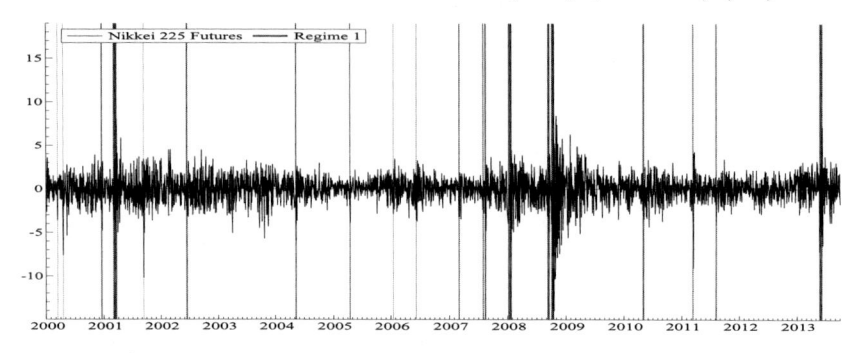

図 8.3: 日経 225 先物収益率とベア局面 (2000/1/5 – 2013/9/30)

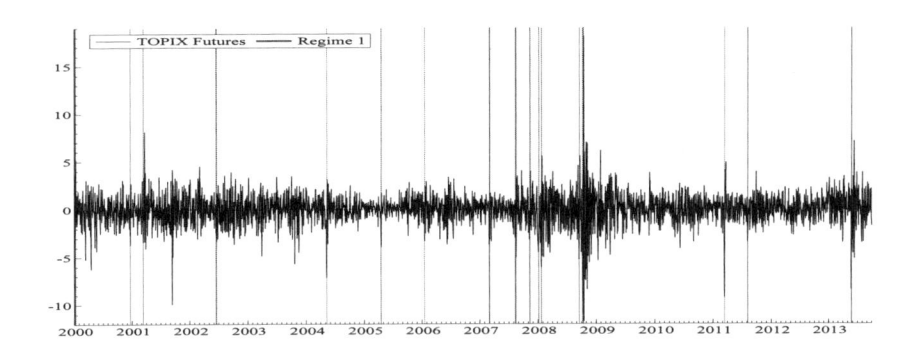

第 8 章 日経 225 先物と TOPIX 先物のブル・ベア相場の分析　　　　　　　　111

図 8.4: TOPIX 先物収益率とベア局面 (20001/5 – 2013/9/30)

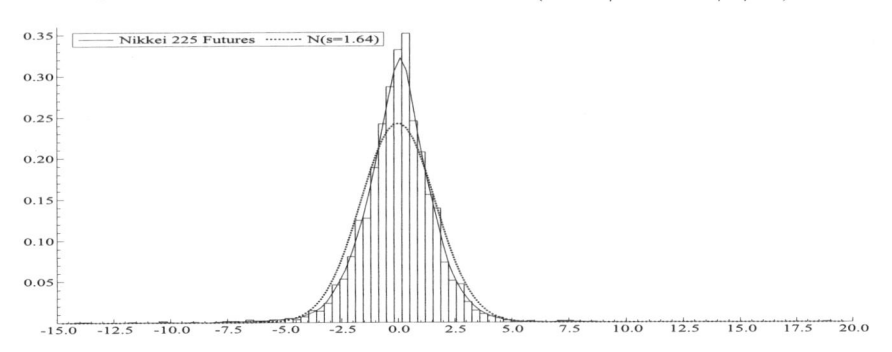

図 8.5: ヒストグラム・密度関数 (日経 225 先物)

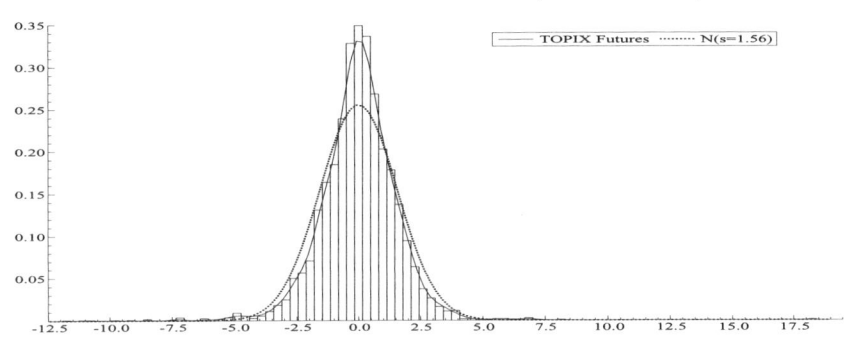

図 8.6: ヒストグラム・密度関数 (TOPIX 先物)

表 8.1: 日経 225 先物・TOPIX 先物収益率 R_t (%) の基本統計量

標本期間：2000 年 1 月 5 日 – 2013 年 9 月 30 日

標本数：3,376

日経 225 先物

平均	標準偏差	歪度	尖度	最大	最小	正規性検定
−0.008	1.643	−0.316	14.360	18.812	−14.003	3847.5**

∗ は有意水準 1 % で有意であることを示す.

TOPIX 先物

平均	標準偏差	歪度	尖度	最大	最小	正規性検定
−0.0011	1.563	−0.191	13.412	18.130	−11.726	3543.2**

∗ は有意水準 1 % で有意であることを示す.

8.3.2 実証結果

表 8.2 には，日経 225 先物の推定結果を示した．MS-ARMA(1,1)-GARCH(1,1) モデルについて考察する．$\mu(0)$, $\mu(1)$ の推定値は，各々, 0.141, −1.110 であり，統計的に有意な推定結果が得られている．ブル相場を示す $\mu(0)$ はプラスとなり，ベア相場を示す $\mu(1)$ はマイナスとなった．したがって, 状態変数 s_t が $s_t = 0$ のとき日経 225 先物はブル相場であり，$s_t = 1$ のとき日経 225 先物はベア相場であることが確認された．$\omega(0)$, $\omega(1)$ の推定値は，各々, 1.163, 3.049 であり，統計的に有意な推定結果が得られている．$\omega(0) < \omega(1)$ となることから，ベア相場の方がブル相場よりもボラティリティの値が大きいことがわかる．s_t の推移確率 $p_{0|0}$, $p_{1|1}$ の推定値はそれぞれ 0.982, 0.775 であり，統計的に有意な推定結果となった．$p_{0|0}$ は，非常に 1 に近いので一度ブルにスイッチングを起こすと，その状態が長く続くことを示唆している．$p_{0|0} > p_{1|1}$ であることから，ベア相場はブル相場ほど長くは続かないことがわかる．また，平均 μ とボラティリティ σ は状態変数 s_t に従って同時にスイッチングしているため, 一度ロー・ボラティ

第 8 章 日経 225 先物と TOPIX 先物のブル・ベア相場の分析 113

リティにスイッチングするとその状態が長く続くが,ハイ・ボラティリティの状態はあまり長く続かないことがわかる.$Q(20)$ と $Q^2(20)$ は,各々20次までの基準化した残差 ($\hat{\epsilon}\hat{\sigma}^{-1}$) とその 2 乗の Ljung - Box の Q 統計量を表している.ここでは,漸近的に自由度 20 の χ^2 分布に従う.MS-ARMA(1,1)-GARCH(1,1)モデルに関して統計的に有意な推定値が得られていない.$Q(20)$ と $Q^2(20)$ の値に対して,帰無仮説は 10%有意水準でも棄却することはできない.ここから,MS-ARMA(1,1)-GARCH(1,1) モデルは,日経 225 先物のボラティリティの自己相関を捉えていることがわかる.

表 8.3 には,TOPIX 先物の推定結果を示した.MS-ARMA(1,1)-GARCH(1,1)モデルについてみると,$\mu(0)$,$\mu(1)$ の推定値は,各々,0.140,−1.387 であり,$\omega(0)$,$\omega(1)$ の推定値は,各々,1.163,3.049 であった.$\mu(0) > \mu(1)$,$\omega(0) < \omega(1)$であることから,TOPIX 先物でも high mean, low volatility のブル相場と low mean, high volatility のベア相場であることがわかる.s_t の推移確率 $p_{0|0}$,$p_{1|1}$の推定値はそれぞれ 0.982,0.627 であり,統計的に有意な推定結果となった.$p_{0|0} > p_{1|1}$ であることから,TOPIX 先物に関してもベア相場はブル相場ほど長くは続かないことがわかる.同時にボラティリティに関しても 一度ロー・ボラティリティにスイッチングするとその状態が長く続くが,ハイ・ボラティリティの状態はあまり長く続かないことを示している.また,$Q(20)$ と $Q^2(20)$ に関して統計的に有意ではないため,MS-ARMA(1,1)-GARCH(1,1) モデルは TOPIX先物のボラティリティの自己相関を捉えていることがわかる.

次に,全てのモデルの当てはまり具合を比較する.対数尤度で比較した場合には,日経 225 先物に関しては MS-ARMA(1,1)-GARCH(1,1) モデルの値が最大であり,TOPIX 先物に関しても MS-ARMA(1,1)-GARCH(1,1) モデルの値が最大となった.また,情報量基準で比較した場合には,日経 225 先物に関して,AIC 基準では MS-ARMA(1,1)-GARCH(1,1)-c モデルの値が最少であり,SBICの基準では MS-GARCH(1,1) モデルの値が最少となった.TOPIX 先物に関して,MS-ARMA(1,1)-GARCH(1,1) モデルの値が最少であり,SBIC の基準ではMS-GARCH(1,1) モデルの値が最少となった.したがって,株価指数先物のトレ

表 8.2: モデルの推定結果 (日経 225 先物)

$R_t = \mu(s_t) + \phi(s_t)R_{t-1} + \epsilon(s_t) + \psi(s_t)\epsilon_{t-1}(s_t),$
$\epsilon_t(s_t) = \sigma(s_t)z_t,\ z_t \sim i.i.d.N(0,1),$
$\sigma^2(s_t) = \omega(s_t) + \alpha(s_t)\epsilon_{t-1}^2(s_t) + \beta(s_t)\sigma_{t-1}^2(s_t).$

$$\mathbf{P} = \begin{pmatrix} p_{0|0} & p_{0|1} \\ p_{1|0} & p_{1|1} \end{pmatrix}.$$

	MS-ARMA(1,1)-GARCH(1,1)	MS-ARMA(1,1)-GARCH(1,1)-c	MS-ARMA(1,0)-GARCH(1,1)	MS-ARMA(1,0)-GARCH(1,1)-c
$\mu(0)$	0.141*	0.134*	0.074*	−0.007*
	(0.071)	(0.066)	(0.024)	(0.023)
$\mu(1)$	−1.110*	−1.182*	−1.090*	−1.072*
	(0.262)	(0.279)	(0.280)	(0.289)
$\phi(0)$	0.414*	—	−0.024	—
	(0.181)		(0.019)	
$\phi(1)$	0.230	—	−0.170	—
	(0.208)		(0.116)	
ϕ	—	0.385*	—	−0.030
		(0.172)		(0.019)
$\psi(0)$	−0.441*	—	—	—
	(0.179)			
$\psi(1)$	−0.308	—	—	—
	(0.217)			
ψ	—	−0.418*	—	—
		(0.171)		

$\omega(0)$	0.135*	0.136*	0.149*	0.151*
	(0.024)	(0.024)	(0.023)	(0.022)
$\omega(1)$	0.253	0.289	0.000	0.000
	(0.350)	(0.273)	(0.810)	(0.882)
$\alpha(0)$	0.045*	0.046*	0.057*	0.060*
	(0.012)	(0.012)	(0.010)	(0.009)
$\alpha(1)$	0.228*	0.215*	0.359*	0.387*
	(0.099)	(0.089)	(0.183)	(0.187)
$\beta(0)$	0.936*	0.935*	0.923*	0.921*
	(0.014)	(0.013)	(0.011)	(0.011)
$\beta(1)$	0.873*	0.878*	0.851*	0.541*
	(0.055)	(0.051)	(0.064)	(0.166)
$p_{0|0}$	0.982*	0.983*	0.982*	0.982*
	(0.007)	(0.007)	(0.008)	(0.008)
$p_{1|1}$	0.775*	0.802*	0.581*	0.541*
	(0.135)	(0.112)	(0.186)	(0.166)
$\ln L$	−5892.20	−5893.54	−5894.21	−5895.03
AIC	3.4999	3.4995	3.4999	3.4998
SBIC	3.5254	3.5214	3.5218	3.5198
$Q(20)$	9.744	9.609	8.841	8.307
$Q^2(20)$	50.374	46.113	50.553	49.694

* は有意水準 5% で有意であることを示す.

モデルの推定結果 (日経 225 先物) の続き

$R_t = \mu(s_t) + \phi(s_t)R_{t-1} + \epsilon(s_t) + \psi(s_t)\epsilon_{t-1}(s_t),$

$\epsilon_t(s_t) = \sigma(s_t)z_t, \ z_t \sim i.i.d.N(0,1),$

$\sigma^2(s_t) = \omega(s_t) + \alpha(s_t)\epsilon_{t-1}^2(s_t) + \beta(s_t)\sigma_{t-1}^2(s_t).$

$$\mathbf{P} = \begin{pmatrix} p_{0|0} & p_{0|1} \\ p_{1|0} & p_{1|1} \end{pmatrix}.$$

	MS-GARCH(1,1)	MS	ARMA(1,1)-GARCH(1,1)	ARMA(1,0)-GARCH(1,1)	GARCH(1,1)
$\mu(0)$	0.067* (0.023)	0.029 (0.024)	—	—	—
$\mu(1)$	−1.10* (0.307)	−0.275 (0.169)	—	—	—
μ	—	—	0.042 (0.022)	0.042 (0.022)	0.041 (0.022)
ϕ	—	—	0.208 (0.190)	−0.022 (0.017)	—
ψ	—	—	−0.227 (0.183)	—	—
$\omega(0)$	0.155* (0.022)	1.274* (0.024)	—	—	—
$\omega(1)$	0.000 (0.795)	3.281* (0.189)	—	—	—
ω	—	—	0.045* (0.013)	0.045* (0.013)	0.046* (0.013)

第 8 章　日経 225 先物と TOPIX 先物のブル・ベア相場の分析

$\alpha(0)$	0.061* (0.009)	—	—	—	—
$\alpha(1)$	0.400* (0.195)	—	—	—	—
α	—	—	0.101* (0.014)	0.101* (0.014)	0.101* (0.014)
$\beta(0)$	0.919* (0.011)	—	—	—	—
$\beta(1)$	0.862* (0.060)	—	—	—	—
β	—	—	0.884* (0.014)	0.884* (0.014)	0.883* (0.014)
$p_{0\|0}$	0.984* (0.007)	0.992* (0.002)	—	—	—
$p_{1\|1}$	0.531* (0.162)	0.938* (0.016)	—	—	—
$\ln L$	−5899.58	−6047.99	−5955.99	−5956.39	−5959.16
AIC	3.5009	3.5864			
SBIC	3.5191	3.5974			
$Q(20)$	11.733	19.00	5.109	8.922	9.156
$Q^2(20)$	46.992	431.65	23.938	24.150	24.491

* は有意水準 5 % で有意であることを示す.

表 8.3: モデルの推定結果 (TOPIX 先物)

$R_t = \mu(s_t) + \phi(s_t)R_{t-1} + \epsilon(s_t) + \psi(s_t)\epsilon_{t-1}(s_t),$
$\epsilon_t(s_t) = \sigma(s_t)z_t, \ z_t \sim i.i.d.N(0,1),$
$\sigma^2(s_t) = \omega(s_t) + \alpha(s_t)\epsilon_{t-1}^2(s_t) + \beta(s_t)\sigma_{t-1}^2(s_t).$

$$\mathbf{P} = \begin{pmatrix} p_{0|0} & p_{0|1} \\ p_{1|0} & p_{1|1} \end{pmatrix}.$$

	MS-ARMA(1,1)-GARCH(1,1)	MS-ARMA(1,1)-GARCH(1,1)-c	MS-ARMA(1,0)-GARCH(1,1)	MS-ARMA(1,0)-GARCH(1,1)-c
$\mu(0)$	0.140*	0.093*	0.051*	0.051*
	(0.069)	(0.045)	(0.020)	(0.021)
$\mu(1)$	−1.387*	−1.193*	−3.063*	−1.233*
	(0.391)	(0.485)	(0.283)	(0.488)
$\phi(0)$	0.629*	—	0.004	—
	(0.107)		(0.018)	
$\phi(1)$	0.312*	—	−1.215*	—
	(0.133)		(0.134)	
ϕ	—	0.472*	—	0.004
		(0.119)		(0.018)
$\psi(0)$	−0.631*	—	—	—
	(0.110)			
$\psi(1)$	−0.326	—	—	—
	(0.171)			
ψ	—	−0.477*	—	—
		(0.123)		

$\omega(0)$	0.159*	0.164*	0.182*	0.175*
	(0.024)	(0.023)	(0.024)	(0.024)
$\omega(1)$	0.000	0.0001	1.923	0.489
	(0.711)	(1.874)	(0.861)	(0.801)
$\alpha(0)$	0.052*	0.058*	0.075*	0.070*
	(0.012)	(0.012)	(0.010)	(0.011)
$\alpha(1)$	0.255*	0.264*	0.000	0.342*
	(0.116)	(0.122)	(0.077)	(0.120)
$\beta(0)$	0.922*	0.917*	0.890*	0.905*
	(0.014)	(0.014)	(0.013)	(0.014)
$\beta(1)$	0.874*	0.882*	0.134	0.884*
	(0.050)	(0.056)	(0.680)	(0.097)
$p_{0|0}$	0.982*	0.989*	0.992*	0.989*
	(0.008)	(0.004)	(0.003)	(0.005)
$p_{1|1}$	0.627*	0.665*	0.353*	0.551*
	(0.159)	(0.136)	(0.106)	(0.159)
$\ln L$	−5727.59	−5732.19	−5732.27	−5735.87
AIC	3.4034	3.4049	3.4050	3.4066
SBIC	3.4288	3.4268	3.4268	3.4265
$Q(20)$	10.041	9.943	9.279	10.278
$Q^2(20)$	40.045	32.016	30.203	27.775

* は有意水準 5% で有意であることを示す.

モデルの推定結果 (TOPIX 先物) の続き

$$R_t = \mu(s_t) + \phi(s_t)R_{t-1} + \epsilon(s_t) + \psi(s_t)\epsilon_{t-1}(s_t),$$
$$\epsilon_t(s_t) = \sigma(s_t)z_t, \ z_t \sim i.i.d.N(0,1),$$
$$\sigma^2(s_t) = \omega(s_t) + \alpha(s_t)\epsilon_{t-1}^2(s_t) + \beta(s_t)\sigma_{t-1}^2(s_t).$$

$$\mathbf{P} = \begin{pmatrix} p_{0|0} & p_{0|1} \\ p_{1|0} & p_{1|1} \end{pmatrix}.$$

	MS-GARCH(1,1)	MS	ARMA(1,1)-GARCH(1,1)	ARMA(1,0)-GARCH(1,1)	GARCH(1,1)
$\mu(0)$	0.050*	0.026	—	—	—
	(0.021)	(0.023)	—	—	—
$\mu(1)$	−1.422*	−0.245	—	—	—
	(0.520)	(0.150)	—	—	—
μ	—	—	0.038	0.037	0.037
	—	—	(0.023)	(0.023)	(0.023)
ϕ	—	—	0.261	0.004	—
	—	—	(0.209)	(0.018)	—
ψ	—	—	−0.257	—	—
	—	—	(0.212)	—	—
$\omega(0)$	0.177*	1.163*	—	—	—
	(0.024)	(0.024)	—	—	—
$\omega(1)$	0.478	3.049*	—	—	—
	(0.965)	(0.156)	—	—	—
ω	—	—	0.046*	0.046*	0.047*
	—	—	(0.017)	(0.016)	(0.016)

第8章 日経225先物とTOPIX先物のブル・ベア相場の分析

$\alpha(0)$	0.071^*	—	—	—
	(0.011)			
$\alpha(1)$	0.341	—	—	—
	(0.196)			
α	—	—	0.111^*	0.111^*	0.112^*
			(0.016)	(0.018)	(0.018)
$\beta(0)$	0.904^*	—	—	—
	(0.014)			
$\beta(1)$	0.877^*	—	—	—
	(0.108)			
β	—	—	0.873^*	0.873^*	0.871^*
			(0.020)	(0.020)	(0.020)
$p_{0|0}$	0.990^*	0.989^*	—	—	—
	(0.004)	(0.003)			
$p_{1|1}$	0.560^*	0.929^*	—	—	—
	(0.148)	(0.016)			
$\ln L$	−5739.41	−5870.84	−5804.70	−5805.72	−5808.99
AIC	3.4071	3.4826			
SBIC	3.4252	3.4935			
$Q(20)$	50.891	12.707	11.297	11.249	11.552
$Q^2(20)$	62.586	374.54	11.553	11.783	11.998

* は有意水準5％で有意であることを示す.

ンド分析には, MS-ARMA(1,1)-GARCH(1,1) モデルや MS-GARCH(1,1) モデルが有効である可能性を示唆している.

表 8.4 は, 日経 225 先物の $s_t = 0$ (ブル相場) のときの局面の期間を示している. ブル相場の総日数は, 3,244 日 (全体の 96.12%) であり, 平均的なブル相場の期間は, 108.13 日という結果となった. 表 8.5 は, $s_t = 1$ (ベア相場) のときの局面の期間を示している. ベア相場の総日数は, 131 日 (全体の 3.88%) であり, 平均的なベア相場の期間は, 4.52 日という結果となった. これらの結果は, 株価は上昇するのには時間がかかるが, 下落は一瞬であることを明白にしている. 表 8.6, 表 8.7 には, TOPIX 先物のブル相場・ベア相場の期間が示されている. TOPIX 先物に関しても日経 225 先物と同様の結果となっている. また, 図 8.1 – 図 8.4 の影部は, 日経 225 先物と TOPIX 先物のベア局面を表している. 特に, 図 8.1, 図 8.2 の終値のグラフから, 急落局面を上手く捉えていることがわかる. 図 8.7 – 図 8.10 には, ブル局面とベア局面の平滑化確率[8] (smoothed probability) を黒線で示した. 図 8.7, 図 8.9 の影部はブル局面を表し, 図 8.8, 図 8.10 の影部はベア局面を表している.

---

[8] 平滑化確率は, Kim (1993) によって提案された backward iteration を用いることにより以下の式で計算することができる.

$$\boldsymbol{\xi}_{t|T} = \boldsymbol{\xi}_{t|t} \odot \{\boldsymbol{P}'[\boldsymbol{\xi}_{t+1|T}(\boldsymbol{P} \oslash \boldsymbol{\xi}_{t|t})]\},$$
$$\boldsymbol{\xi}_{t|t} = \frac{diag(\boldsymbol{\eta}_t)}{\boldsymbol{\xi}'_{t|t-1}\boldsymbol{\eta}_t}, \ \boldsymbol{\xi}_{t+1|t} = \boldsymbol{P}\boldsymbol{\xi}_{t|t},$$

ここで $\oslash$ は element by element division, $diag(\boldsymbol{\eta}_t)$ は対角線上にある $\boldsymbol{\eta}_t$ の対角行列 (diagonal matrix) を表す.

表 8.4: 日経 225 先物のブル相場の期間 ($s_t = 0$)

総日数: 3,244 日 (96.12%), 平均日数: 108.13 日.

期間	日数	Avg. Prob.
2000 / 1 / 6 – 2000 / 3 / 10	45	0.959
2000 / 3 / 15 – 2000 / 4 / 14	22	0.959
2000 / 4 / 19 – 2000 / 5 / 10	13	0.847
2000 / 5 / 12 – 2000 / 12 / 14	150	0.933
2000 / 12 / 22 – 2001 / 2 / 27	43	0.942
2001 / 3 / 23 – 2001 / 9 / 11	119	0.920
2001 / 9 / 14 – 2002 / 6 / 12	180	0.953
2002 / 6 / 24 – 2003 / 3 / 10	175	0.937
2003 / 3 / 12 – 2003 / 3 / 28	12	0.781
2003 / 4 / 1 – 2003 / 9 / 19	120	0.967
2003 / 9 / 24 – 2003 / 10 / 22	20	0.879
2003 / 10 / 24 – 2004 / 4 / 30	127	0.957
2004 / 5 / 14 – 2005 / 4 / 13	227	0.978
2005 / 4 / 19 – 2005 / 10 / 5	115	0.984
2005 / 10 / 7 – 2006 / 1 / 16	65	0.964
2006 / 1 / 19 – 2006 / 4 / 21	66	0.964
2006 / 4 / 25 – 2006 / 6 / 6	28	0.851
2006 / 6 / 12 – 2007 / 2 / 27	177	0.971
2007 / 3 / 6 – 2007 / 7 / 26	98	0.957
2007 / 8 / 2 – 2007 / 8 / 9	6	0.705
2007 / 8 / 20 – 2007 / 12 / 28	90	0.924
2008 / 1 / 9 – 2008 / 1 / 9	1	0.505
2008 / 1 / 28 – 2008 / 9 / 4	153	0.95
2008 / 9 / 19 – 2008 / 9 / 29	6	0.721
2008 / 10 / 17 – 2009 / 11 / 26	270	0.950
2009 / 11 / 30 – 2010 / 4 / 27	101	0.955
2010 / 5 / 10 – 2011 / 3 / 9	207	0.943
2011 / 3 / 16 – 2011 / 8 / 2	94	0.967
2011 / 8 / 10 – 2013 / 5 / 22	437	0.963
2013 / 6 / 11 – 2013 / 9 / 30	77	0.940

Avg. Prob. は, 当該期間の平滑化確率の平均を表す.

表 8.5: 日経 225 先物のベア相場の期間 ($s_t = 1$)

総日数: 131 日 (3.88%), 平均日数: 4.52 日.

期間	日数	Avg. Prob.
2000 / 3 / 13 – 2000 / 3 / 14	2	0.720
2000 / 4 / 17 – 2000 / 4 / 18	2	0.908
2000 / 5 / 11 – 2000 / 5 / 11	1	0.686
2000 / 12 / 15 – 2000 / 12 / 21	5	0.696
2001 / 2 / 28 – 2001 / 3 / 22	16	0.744
2001 / 9 / 12 – 2001 / 9 / 13	2	0.805
2002 / 6 / 13 – 2002 / 6 / 21	7	0.694
2003 / 3 / 11 – 2003 / 3 / 11	1	0.505
2003 / 3 / 31 – 2003 / 3 / 31	1	0.571
2003 / 9 / 22 – 2003 / 9 / 22	1	0.707
2003 / 10 / 23 – 2003 / 10 / 23	1	0.873
2004 / 5 / 6 – 2004 / 5 / 13	6	0.675
2005 / 4 / 14 – 2005 / 4 / 18	3	0.804
2005 / 10 / 6 – 2005 / 10 / 6	1	0.580
2006 / 1 / 17 – 2006 / 1 / 18	2	0.619
2006 / 4 / 24 – 2006 / 4 / 24	1	0.566
2006 / 6 / 7 – 2006 / 6 / 9	3	0.573
2007 / 2 / 28 – 2007 / 3 / 5	4	0.984
2007 / 7 / 27 – 2007 / 8 / 1	4	0.715
2007 / 8 / 10 – 2007 / 8 / 17	6	0.843
2008 / 1 / 4 – 2008 / 1 / 8	3	0.590
2008 / 1 / 10 – 2008 / 1 / 25	11	0.733
2008 / 9 / 5 – 2008 / 9 / 18	9	0.656
2008 / 9 / 30 – 2008 / 10 / 16	12	0.845
2009 / 11 / 27 – 2009 / 11 / 27	1	0.905
2010 / 4 / 28 – 2010 / 5 / 7	4	0.722
2011 / 3 / 10 – 2011 / 3 / 15	4	0.848
2011 / 8 / 3 – 2011 / 8 / 9	5	0.744
2013 / 5 / 23 – 2013 / 6 / 10	13	0.792

Avg. Prob. は, 当該期間の平滑化確率の平均を表す.

第 8 章　日経 225 先物と TOPIX 先物のブル・ベア相場の分析

表 8.6: TOPIX 先物のブル相場の期間 ($s_t = 0$)

総日数: 3,311 日 (98.13%), 平均日数: 127.35 日.

期間	日数	Avg. Prob.
2000 / 1 / 12 – 2000 / 3 / 10	42	0.968
2000 / 3 / 14 – 2000 / 4 / 14	23	0.925
2000 / 4 / 18 – 2000 / 12 / 18	167	0.965
2000 / 12 / 22 – 2001 / 3 / 9	51	0.943
2001 / 3 / 15 – 2001 / 3 / 19	3	0.641
2001 / 3 / 22 – 2001 / 9 / 11	120	0.955
2001 / 9 / 13 – 2002 / 6 / 13	182	0.971
2002 / 6 / 20 – 2003 / 3 / 28	190	0.956
2003 / 4 / 1 – 2003 / 10 / 22	141	0.971
2003 / 10 / 24 – 2004 / 5 / 7	129	0.973
2004 / 5 / 12 – 2005 / 4 / 14	230	0.985
2005 / 4 / 19 – 2006 / 1 / 16	181	0.983
2006 / 1 / 19 – 2006 / 6 / 7	96	0.955
2006 / 6 / 9 – 2007 / 2 / 27	178	0.974
2007 / 3 / 6 – 2007 / 8 / 9	108	0.973
2007 / 8 / 20 – 2007 / 11 / 8	56	0.955
2007 / 11 / 14 – 2007 / 12 / 28	31	0.966
2008 / 1 / 8 – 2008 / 1 / 18	8	0.665
2008 / 1 / 25 – 2008 / 9 / 4	154	0.962
2008 / 9 / 8 – 2008 / 9 / 12	5	0.754
2008 / 9 / 19 – 2008 / 10 / 3	10	0.846
2008 / 10 / 15 – 2009 / 11 / 26	272	0.962
2009 / 11 / 30 – 2011 / 3 / 11	314	0.974
2011 / 3 / 16 – 2011 / 8 / 4	95	0.976
2011 / 8 / 9 – 2013 / 5 / 22	438	0.973
2013 / 5 / 28 – 2013 / 9 / 30	87	0.946

Avg. Prob. は, 当該期間の平滑化確率の平均を表す.

表 8.7: TOPIX 先物のベア相場の期間 $(s_t = 1)$

総日数: 64 日 (1.89%), 平均日数: 2.21 日.

期間	日数	Avg. Prob.
2000 / 1 / 6 – 2000 / 1 / 11	3	0.744
2000 / 3 / 13 – 2000 / 3 / 13	1	0.974
2000 / 4 / 17 – 2000 / 4 / 17	1	0.972
2000 / 12 / 19 – 2000 / 12 / 21	3	0.787
2001 / 3 / 12 – 2001 / 3 / 14	3	0.713
2001 / 3 / 21 – 2001 / 3 / 21	1	0.986
2001 / 9 / 12 – 2001 / 9 / 12	1	1
2002 / 6 / 14 – 2002 / 6 / 19	4	0.701
2003 / 3 / 31 – 2003 / 3 / 31	1	0.678
2003 / 10 / 23 – 2003 / 10 / 23	1	0.975
2004 / 5 / 10 – 2004 / 5 / 11	2	0.836
2005 / 4 / 15 – 2005 / 4 / 18	2	0.764
2006 / 1 / 17 – 2006 / 1 / 18	2	0.778
2006 / 6 / 8 – 2006 / 6 / 8	1	0.526
2007 / 2 / 28 – 2007 / 3 / 5	4	0.959
2007 / 8 / 10 – 2007 / 8 / 17	6	0.821
2007 / 11 / 9 – 2007 / 11 / 13	3	0.556
2008 / 1 / 4 – 2008 / 1 / 7	2	0.606
2008 / 1 / 21 – 2008 / 1 / 24	4	0.671
2008 / 9 / 5 – 2008 / 9 / 5	1	0.76
2008 / 9 / 16 – 2008 / 9 / 18	3	0.619
2008 / 10 / 6 – 2008 / 10 / 14	6	0.787
2009 / 11 / 27 – 2009 / 11 / 27	1	0.981
2011 / 3 / 14 – 2011 / 3 / 15	2	1
2011 / 8 / 5 – 2011 / 8 / 8	2	0.636
2013 / 5 / 23 – 2013 / 5 / 27	3	0.681

Avg. Prob. は, 当該期間の平滑化確率の平均を表す.

第 8 章 日経 225 先物と TOPIX 先物のブル・ベア相場の分析　　127

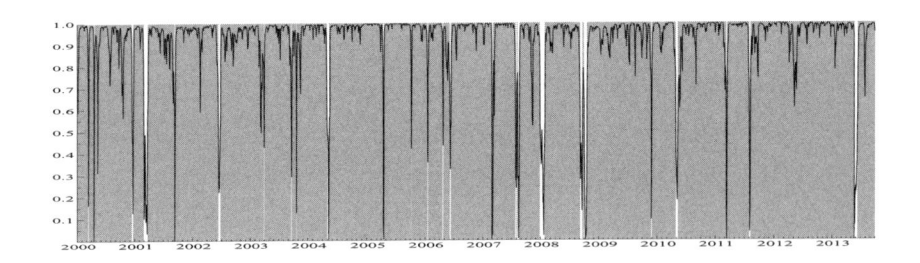

図 8.7: ブル局面の平滑化確率 (日経 225 先物)

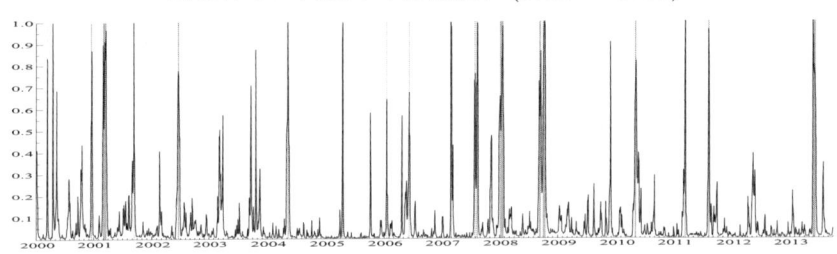

図 8.8: ベア局面の平滑化確率 (日経 225 先物)

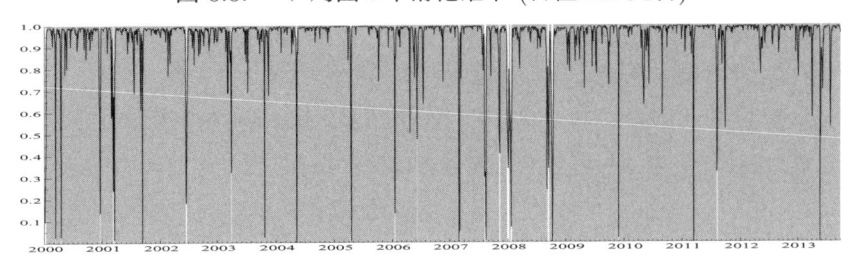

図 8.9: ブル局面の平滑化確率 (TOPIX 先物)

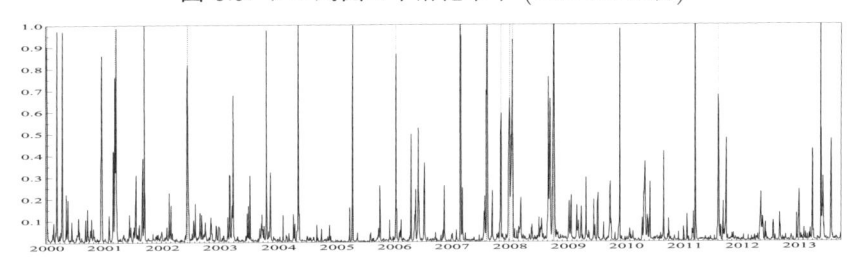

図 8.10: ベア局面の平滑化確率 (TOPIX 先物)

8.4 結論と今後の課題

本章では, MS-ARMA(1,1)-GARCH(1,1) モデルを用いて日経 225 先物取引と TOPIX 先物取引に関してトレンド分析を行なった. 日経 225 先物と TOPIX 先物のデータを用いてブル相場とベア相場に焦点を当て実証的な検証を行なった.

実証分析の結果として, 日経 225 先物と TOPIX 先物には統計的に有意にブル相場とベア相場があることがわかった. すなわち, 期待収益率が高くボラティリティが低い状態のブル相場と期待収益率が低くボラティリティが高い状態のベア相場を捉えることができた. また, 日経 225 先物と TOPIX 先物のブル・ベア相場の分析に関して, MS-ARMA-GARCH モデルや MS-GARCH モデルを用いることは有効であることが明らかとなった.

今後の課題としては, 本研究ではボラティリティの変動を GARCH モデルを用いて定式化したが, Henry (2009) は EGARCH モデルを利用した MS-EGARCH モデルを提案しているので[9], MS-ARMA-EGARCH モデルによる分析を行なうことが考えられる. 本研究では日次データを用いたためにベア相場がとても長くなる実証結果となってしまったが, 週次データや月次データを用いた場合にはそのような問題は回避できると思われる. 更に, 日経 225 先物のナイト・セッションと TOPIX 先物のイブニング・セッションを含めて分析を行なうことが必要であると考える. また, MS モデルとは異なる手法でブル・ベア相場の分析を行なっている Lunde and Timmermann (2004) や Shibata (2011) などの分析手法と比較して MS-ARMA-GARCH モデルの有用性を検討する必要がある.

---

[9] 里吉・三井 (2011b) では, MS-EGARCH モデルを用いて日経平均のブル・ベア相場の分析を行なっている.

第9章 ARCH型モデルによる日経225オプションの実証研究に関するサーベイ

9.1 はじめに

オプション評価理論では,Black and Scholes (1973) が株式のヨーロピアン・オプション[1]に対して Black-Scholes モデル(以下,B-S モデル)[2]として理論的な解を与えた.その後,Merton (1973) が Black and Scholes (1973) とは異なるアプローチで B-S モデルが数学的に正しいことを証明し,Black-Scholes の公式と命名して以来,オプション価格付けに関する理論・実証研究は飛躍的に増加した.また,Merton (1973) は B-S モデルを配当がある場合の株式オプションに関して拡張し,Garman and Kohlhagen (1983) は通貨オプションにも適用できるように B-S モデルを改良した.そのため,B-S モデルとその拡張モデルは株式,株価指数,通貨を原資産とするヨーロピアン・オプションに一般的に実務の世界でも利用されるようになった.オプション評価の実証研究に際しては,B-S モデルとパフォーマンスを比較して新しいオプション価格付けモデルの評

---

† 本章は,三井 (2014b) の論文を加筆・修正したものである.
[1] 満期日(権利消滅日)にのみ権利行使可能なオプションをヨーロピアン・オプション (European option) と呼び,満期日以前にいつでも権利行使可能なオプションをアメリカン・オプション (American option) と呼ぶ.
[2] B-S モデルの解説書としては,蓑谷 (2000), Stampfli and Goodman (2001), 石村・石村 (2008) を参照.

価を行なうようになり，B-S モデルは実務家や研究者の間においてベンチマークとなった．

しかしながら，B-S モデルはある強い仮定の下でしか成立しない．特に，「無リスク資産利子率は一定」と「ボラティリティは一定」の 2 つの仮定は，当初より非現実的な仮定であった．実際に，金融市場では無リスク資産利子率は変動し，ボラティリティも多くの実証研究において時間を通じて変動していることが明らかにされている．また，オプション市場では，ボラティリティが取引されていると言っても過言ではない．したがって，ボラティリティが変動するモデルを定式化してオプション評価を行なうことは非常に重要であると考えられる．本章における日経 225 オプション[3]の実証研究のサーベイでは「ボラティリティ変動」に焦点を当てることにする．

ボラティリティ変動に関してオプション評価を分析する場合には大きく 2 つに分けて研究が行なわれている[4]．1 つは，確率的分散変動 (Stochastic Volatility; SV) モデルを用いる方法である．連続時間の SV モデルは，オプション評価に有効な方法である．しかし，SV モデルはボラティリティを観測されない変数として扱っているため尤度を求めることが難しいことや金融市場の特質に合わせてモデルを拡張することが難しいなどの難点がある．したがって，SV モデルによるオプション評価に関する実証研究は非常に少なく，日経 225 オプションに関する実証研究としては，三井 (1998)，竹内 (2006) など僅かしかない．

もう 1 つの方法は，Engle (1982) の ARCH モデルとそれを一般化した Bollerslev (1986) の GARCH モデルを用いる方法である．これら ARCH 型モデルはファイナンス時系列の非線形性をうまく捉え，オプションの実証研究に対しても有効である．これは，ARCH 型モデルが t 期のボラティリティを $t-1$ 期に既知の変数のみの確定的な関数として定式化し，モデルを拡張しても容易に推定することができるためである．株式市場でよくみられる現象として，現在のボラティリティと前日の収益率との間には負の相関 (非対称性) があることが知

---

[3] 日経 225 オプションの制度概要など，詳しくは以下の大阪取引所の Website を参照．
<http://www.ose.or.jp/derivative/225options>
[4] 詳しくは，三井 (2004a) を参照．

第 9 章 ARCH 型モデルによる日経 225 オプションの実証研究に関するサーベイ　131

られている.しかし,GARCH モデルでは,このようなボラティリティ変動の非対称性は捉えることができない.そこで,ボラティリティ変動の非対称性を捉えるために,Nelson (1991) は EGARCH モデルを提案し,Glosten et al. (1993) は GJR モデルを提案した.また,ボラティリティには長期記憶性があることが知られており,長期記憶性を捉えるため Baillie et al. (1996) は FIGARCH モデルを提案し,Bollerslev and Mikkelsen (1996)) は FIEGARCH モデルを提案した.

　ARCH 型モデルを利用したオプション価格に関する実証研究としては,Engle and Mustafa (1992), Noh et al. (1994), Saez (1997), Sabbatini and Linton (1998), Bauwens and Lubrano (1998), Duan and Zhang (2001), Hafner and Herwartz (2001), Bauwens and Lubrano (2002), Christoffersen and Jacobs (2004) がある[5].また,ARCH 型モデルを利用した日経 225 オプション評価に関する実証研究としては,森保 (1999),三井 (2000),三井・渡部 (2003),渡部 (2003), 竹内 (2006), 竹内 (野木森)・渡部 (2008), Satoyoshi and Mitsui (2011), 里吉・三井 (2013c) がある.森保 (1999) は,GARCH モデルと GJR モデルを用いて投資家のリスク中立性を仮定して実証研究を行なっている.三井 (2000) は,GARCH モデルを用いてオプション価格の導出の際に Duan (1995) の局所中立性 (Locally Risk Neutral Valuation Relationship; LRNVR) を利用している.渡部 (2003), 竹内 (2006) は,GARCH モデル, GJR モデル, EGARCH モデルに対して原資産収益率の分布に t 分布を仮定してオプション評価を行なっている.また,竹内 (2006) では, ARCH 型モデルと SV モデルによるオプション評価の比較を行なっている.竹内 (野木森)・渡部 (2008) はボラティリティの長期記憶性に着目し,FIEGARCH モデルを利用している.Satoyoshi and Mitsui (2011) は,Markov-Switching モデルを応用した MS-GARCH モデルによるオプション評価を提案している.また,里吉・三井 (2013c) は,収益率の分布の裾の厚さと左右非対称性を捉えるために混合正規分布,混合 t 分布と EGARCH モデルを組み合わせた混合正規 EGARCH モデル,混合 t EGARCH モデルに

---

[5] これらの研究のサーベイに関しては,三井 (2004b) の第 1 章を参照.

より分析を行なっている.本章では,これらのARCH型モデルによる日経225オプションの実証研究に関してサーベイを行なう[6]．

本章の以下の構成は次の通りである．9.2 節では,オプション分析におけるARCH型モデルとオプション評価について概観する．ARCH型モデルの簡単な説明とモンテカルロ・シミュレーションを利用したオプション評価について解説する．9.3 節では，GARCH モデル，GJR モデル，EGARCH モデルによるオプション価格付けについて述べ,リスク中立性と局所リスク中立性によるオプション評価に関してサーベイを行なう．また,原資産収益率の裾の厚さを考慮したオプション評価についてもサーベイを行なう．9.4 節では,ベイズ推定法によるオプション評価について纏める．9.5 節では,FIEGARCH モデルを利用した長期記憶モデルによるオプション評価の実証研究について説明する．9.6 節では，ARCH 型モデルの応用によるオプション評価についてサーベイを行なう．MS-GARCH モデルと原資産収益率の分布の歪みを考慮したオプション評価に関して解説する．最後の 9.7 節では,まとめと今後の展望ついて述べる．

9.2 オプション分析における ARCH 型モデルとオプション評価

9.2.1 ARCH型モデル

日経 225 オプションの実証研究で用いられる ARCH 型モデルは,ほとんどが GARCH モデル，EGARCH モデル，GJR モデル，FIEGARCH モデルである．これらの時系列モデルを用いる場合には，AIC や SIC などの情報量基準を用いてモデルの次数選択を行なわなければならないが,多くの実証研究においてボラティリティ変動過程の次数を多くしてもあまりパフォーマンスは改善さ

---

[6] Satoyoshi and Mitsui (2012) は,MS-EGARCH モデルにより日経 225 オプションの実証分析を行なっている．また,Takeuchi-Nogimori (2012) は,同様に高頻度データを使用し,Hansen et al. (2012) の Realized GARCH モデルにより日経 225 プット・オプションに関して分析を行なっている．Ubukata and Watanabe (2013) は,高頻度データによる Realized Volatility を使用して EGARCH モデルと FIEGARCH モデルにより実証分析を行っている．しかし,これらの研究は Woking Paper なので,本章のサーベイの対象とはしない．

第 9 章 ARCH 型モデルによる日経 225 オプションの実証研究に関するサーベイ

れないことが示されている．したがって，実証分析では GARCH(1,1) モデル，GJR(1,1) モデル，EGARCH(1,1) モデル，FIEGARCH(1, d, 0) モデルを利用する場合が多い．以下では，これらのモデルに関して概観する．

時点 t での日経 225 株価収益率 R_t の過程を以下のようにおく．

$$R_t = \mu + \epsilon_t, \tag{9.2.1}$$

$$\epsilon_t = \sigma_t z_t,\ \sigma_t > 0, \tag{9.2.2}$$

$$z_t \sim i.i.d. E[z_t] = 0,\ Var[z_t] = 1. \tag{9.2.3}$$

ここで，定数項 μ は期待収益率，z_t は誤差項であり，収益率に自己相関は無いと仮定する．$i.i.d.$ は，過去と独立で同一な分布を表す．ボラティリティ σ_t^2 の過程を以下のような (A) – (D) のように定式化する．

(A) GARCH(1,1) モデル: ボラティリティ σ_t^2 は過去の予測誤差の 2 乗と過去のボラティリティの線形の関数として定式化されている．

$$\sigma_t^2 = \omega + \beta \sigma_{t-1}^2 + \alpha \epsilon_{t-1}^2. \tag{9.2.4}$$

ここで，ボラティリティの非負性を保証するため ω, α, $\beta > 0$ であると仮定する．また，ボラティリティの過程に対して定常性を保証するため $\alpha + \beta < 1$ であると仮定する．

(B) EGARCH(1,1) モデル: ボラティリティの対数値を被説明変数としてパラメータの非負制約を取り除き定式化されている．

$$\ln(\sigma_t^2) = \omega + \beta \ln(\sigma_{t-1}^2) + \gamma z_{t-1} + \alpha \left(|z_{t-1}| - \sqrt{2/\pi} \right). \tag{9.2.5}$$

$\gamma < 0$ ならば，株価が上昇した日の翌日よりも，株価が下落した日の翌日の方がボラティリティは上昇する．このモデルでは，ボラティリティの対数値を被説明変数としているため ω, β, γ, α に非負制約は必要としない．定常性の条件のため $0 < \beta < 1$ だけ仮定すればよいが，過去の多くの実証研究の結果を考慮して ω, $\alpha > 0$, $\gamma < 0$ であると仮定する．

(C) GJR(1,1) モデル: ϵ_{t-1} が負のときには 1，それ以外のときには 0 であるダミー変数 D_{t-1}^- を用いることにより，ボラティリティの非対称性を捉えるように

定式化されている.

$$\sigma_t^2 = \omega + \beta\sigma_{t-1}^2 + \alpha\epsilon_{t-1}^2 + \gamma D_{t-1}^{-}\epsilon_{t-1}^2, \quad (9.2.6)$$

$$D_{t-1}^{-} = \begin{cases} 1 & \epsilon_{t-1} < 0, \\ 0 & \text{otherwise.} \end{cases}$$

$\gamma > 0$ ならば, 株価が上昇した日の翌日よりも, 株価が下落した日の翌日の方がボラティリティは上昇する. ここでも, ボラティリティの非負性を保証するため ω, α, β, $\gamma > 0$, $\alpha + \beta < 1$ であると仮定する.

(D) FIEGARCH$(1, d, 0)$ モデル: ボラティリティの長期記憶性を捉えるため, 以下のように定式化されている.

$$\ln(\sigma_t^2) = \omega + [1 - \beta(L)]^{-1}(1-L)^{-d}g(z_{t-1}), \quad (9.2.7)$$
$$g(z_{t-1}) = \theta z_{t-1} + \gamma[|z_{t-1}| - E|z_{t-1}|].$$

$\theta < 0$ ならば, 株価が上昇した日の翌日よりも, 株価が下落した日の翌日の方がボラティリティは上昇する. このモデルでは, EGARCH モデルと同様にボラティリティの対数値を被説明変数としているため $\omega, \beta, \alpha, \theta, \gamma$ に非負制約は必要としない. $(1-L)^d$ における d が長期記憶性を捉えるパラメータを示す. $0 < d < 1$ となるとき, ボラティリティ σ_t^2 は長期記憶過程に従っている. また, $0 < d < 0.5$ のとき定常長期記憶過程と呼び, $0.5 \leq d < 1$ のとき非定常長期記憶過程と呼ぶ. $d = 1$ のとき, ボラティリティ σ_t^2 は単位根を持ち非定常過程となる. $d = 0$ のとき短期記憶過程となり $d = 0$ のとき, EGARCH$(1,0)$ モデルとなる. $(1-L)^d$ は, 以下のように表現される.

$$\begin{aligned}(1-L)^d &= \sum_{k=0}^{\infty} \frac{\Gamma(d+1)}{\Gamma(k+1)\Gamma(d-k+1)} L^k \\ &= 1 + \sum_{k=1}^{\infty} \frac{d(d-1)\cdots(d-k+1)}{k!}(-L^k). \quad (9.2.8)\end{aligned}$$

ここで, $\Gamma(\cdot)$ はガンマ関数を表す.

ここで, (9.2.3) 式の分布を特定化しパラメータの推定を最尤法などを用いて行なえば良い. オプション評価を行なうためには, 推定されたパラメータを用いてモンテカルロ・シミュレーション (Monte Carlo simulation) によりオプション価格を導出するのが一般的である.

9.2.2　モンテカルロ・シミュレーションによるオプション価格の導出

投資家がリスク中立的な場合, 日経 225 オプションのようなヨーロピアン・オプションの価格は, リスク・プレミアムが存在しないため満期におけるオプション価格の期待値を無リスク資産の利子率 r で割り引いた割引現在価値となる[7]. t 時点を評価日, T 時点を満期日, C_t^{Euro} を権利行使価格 K のコール・オプションの t 時点の価格, P_t^{Euro} をプット・オプションの価格とするとき, C_t と P_t は, 各々, 以下の式で表される.

$$C_t^{Euro} = e^{-(T-t)r} E\left[\text{Max}\left(S_T - K, 0\right)\right], \qquad (9.2.9)$$

$$P_t^{Euro} = e^{-(T-t)r} E\left[\text{Max}\left(K - S_T, 0\right)\right]. \qquad (9.2.10)$$

ここで, S_T はオプションの満期の原資産価格である. ARCH 型モデルの場合, 右辺の期待値を解析的に求めることができないので, 一般的にモンテカルロ・シミュレーションによって評価する. シミュレーションを N 回行ない, N 個の満期の原資産価格 S_T が得られたとして, これらを $\left(S_T^{(1)}, S_T^{(2)}, \ldots, S_T^{(N)}\right)$ とする. ただし, $S_T^{(i)}$ は i 回目のパスの発生によって得られた満期の原資産価格である. N が十分に大きいとき, 大数の法則 (law of large number) より (9.2.9)

---

[7] オプション価格を評価する t 時点においては, t 時点から $t+1$ 時点にかけての無リスク資産の利子率 r_{t+1} は既知であるが, その先の利子率は未知である. したがって, t 時点から満期である T 時点までの利子率は一定であると仮定し, $r = r_{t+1}, r_{t+2}, \cdots, r_T$ とおいて現在価値を計算することになる.

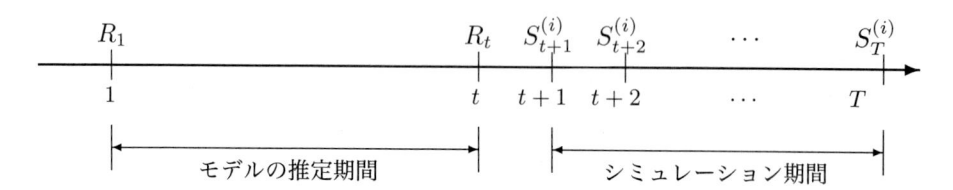

```
    R₁                          Rₜ  S^(i)_{t+1}  S^(i)_{t+2}   ...         S^(i)_T
────┼───────────────────────────┼───┼──────────┼───────────────────────────┼──────→
    1                           t  t+1         t+2            ...          T
    ├───────────────────────────┤   ├──────────────────────────────────────┤
           モデルの推定期間                     シミュレーション期間
```

図 9.1: モデルの推定とモンテカルロ・シミュレーションの期間; 里吉・三井 (2013c)

式と (9.2.10) 式は, 各々, 以下の式によって評価することができる.

$$C_t^{Euro} \approx e^{-(T-t)r} \frac{1}{N} \sum_{i=1}^{N} \text{Max}\left(S_T^{(i)} - K, 0\right), \tag{9.2.11}$$

$$P_t^{Euro} \approx e^{-(T-t)r} \frac{1}{N} \sum_{i=1}^{N} \text{Max}\left(K - S_T^{(i)}, 0\right). \tag{9.2.12}$$

また, モンテカルロ・シミュレーションの精度を高めるために, 様々な分散減少法 (variance reduction method) が考案されている[8]. モンテカルロ・シミュレーションによるオプション評価に関して, 詳しくは Barraquand (1995), Broadie and Glasserman (1996), Boyle et al. (1997), Ross (2002) Cpapter 8 を参照して頂きたい..

図 9.1 には, モデルの推定とモンテカルロ・シミュレーションの期間が描かれている. R_1 から R_t までの日経 225 株価収益率のデータにより ARCH 型モデルのパラメータを推定を行なう. 次に, 推定されたパラメータを基にしてモンテカルロ・シミュレーションにより満期日 T での日経 225 株価 $S_T^{(i)}$ を求め, 最後に割引現在価値の期待値としてオプション価格 C_t, P_t を導出することができる.

---

[8] 制御変数法 (Control Variates), 負相関法 (Antithetic Variates), 層別サンプリング (Stratified Sampling), ラテン・ハイパーキューブ・サンプリング (Latin Hypercube Sampling), 加重サンプリング (Importance Sampling), ラティス法 (Lattice Method) などの様々な手法が提案されている. 詳しくは, 森平・小島 (1997), 湯前・鈴木 (2000) を参照.

9.3 GARCH, GJR, EGARCHモデルによるオプション価格付け

9.3.1 リスク中立性によるオプション評価

森保 (1999) は,原資産となる日経 225 の価格変動が以下のような GARCH(1,1) モデルと GJR(1,1) モデルに従っていると仮定している.月曜日の収益率の分散が他の曜日に比べて大きいことから曜日効果を取り入れたモデルとなっている[9].ここでの GARCH(1,1) モデルは,

$$R_t = \sigma_t z_t, \ \sigma_t > 0, \tag{9.3.1}$$

$$z_t \sim i.i.d.N(0,1), \tag{9.3.2}$$

$$\frac{\sigma_t^2}{n_t^\delta} = \omega + \beta \frac{\sigma_{t-1}^2}{n_{t-1}^\delta} + \alpha \frac{R_{t-1}^2}{n_{t-1}^\delta} \tag{9.3.3}$$

と定式化している[10].ここで, n_t は $(t-1)$ 営業日と t 営業日との間の「休業日数+1」(t 営業日の何日前が $(t-1)$ 営業日となるかを示す), δ は t 営業日でのボラティリティのスピードを表す.例えば,「$t=$ 月曜日」で前営業日が金曜日ならば, $n_t = 3$ であり,ボラティリティは n_t^δ 倍増加する.また,GJR(1,1) モデルは,収益率過程 (9.3.1) 式, z_t の分布の仮定 (9.3.2) 式と,

$$\frac{\sigma_t^2}{n_t^\delta} = \omega + \beta \frac{\sigma_{t-1}^2}{n_{t-1}^\delta} + \alpha \frac{R_{t-1}^2}{n_{t-1}^\delta} + \gamma D_{t-1}^- \frac{R_t^2}{n_{t-1}^\delta}, \tag{9.3.4}$$

$$D_{t-1}^- = \begin{cases} 1 & z_{t-1} < 0, \\ 0 & \text{otherwise}. \end{cases}$$

で定式化している.

日経 225 の標本期間は 1998 年 9 月 1 日から 1995 年 12 月 7 日までであり,標本数は 799 である.GARCH(1,1) モデルと GJR(1,1) モデルのパラメータの推

---

[9] 詳しくは, French and Roll (1986), Nelson (1991), Noh *et al.* (1994) を参照.
[10] ボラティリティ σ^2 の変動は,以下のように記述することもできる.

$$\sigma_t^2 = n_t^\delta \left[\omega + n_{t-1}^{-\delta} \left(\beta \sigma_{t-1}^2 + \alpha R_{t-1}^2 \right) \right].$$

定には，最尤法 (ML) を利用している．オプション評価の際には，投資家のリスク中立性を仮定し，(9.2.11), (9.2.12) 式によるモンテカルロ・シミュレーションを用いてオプション価格を導出している．ここでは，分散減少法は用いていない．日経 225 オプションの標本期間は 1993 年 1 月限月から 1995 年 12 月限月までであり，標本数はコール・オプションが 16,241，プット・オプションが 16,729 である．無リスク資産利子率 r については，1ヶ月物 CD (Certificate of Deposit) を用いている．モデルのパフォーマンスの評価に関しては，以下のような平均絶対乖離率 (Mean Absolute Percentage Deviation; MAPD) を用いて比較を行なっている．

$$\mathrm{MAPD} = \frac{1}{N}\sum_{i=1}^{N}\frac{\left|\hat{X}_i^{推定値} - X_i^{市場価格}\right|}{X_i^{市場価格}}, \quad X = C, P. \tag{9.3.5}$$

ここで，$\hat{X}_i^{推定値}$ はモンテカルロ・シミュレーションによるオプションの推定値，あるいは，B-S モデルの理論価格を表し，$X_i^{市場価格}$ はオプションの市場価格，C はコール・オプションの価格，P はプット・オプションの価格を表す．N は標本サイズである．マネネス別の分析はここでは行なっていない．

　実証分析では，価格水準が高いオプションを過大評価し，価格水準が低いオプションを過小評価する傾向があるという結果を得ている．また，GARCH(1,1) モデル，GJR(1,1) モデルのオプション価格とも B-S モデルのオプション価格よりも市場価格との乖離率が小さいことを示しており，特に，プット・オプションと OTM オプションで顕著であるという結果を得ている．また，GARCH(1,1) モデルと GJR(1,1) モデルとのオプション価格を比較すると，GJR(1,1) モデルの方が市場価格との乖離率が若干小さくなることを示している．

9.3.2　局所リスク中立性によるオプション評価

　9.3.1 項での森保 (1999) の用いたような伝統的なリスク中立性を仮定したモデルに対して，Duan (1995) はリスク中立測度に GARCH を変換させることにより GARCH モデルによるオプション価格付けの方法を発展させた．三井

第 9 章 ARCH 型モデルによる日経 225 オプションの実証研究に関するサーベイ　139

(2000) は, この Duan (1995) の方法を (9.2.4), (9.3.2) 式と収益率 R_t の過程が以下に従うような GARCH(1,1) モデルに適用することにより分析を行なっている.

$$R_t = r + \lambda \sigma_t - \frac{1}{2}\sigma_t^2 + \epsilon_t. \tag{9.3.6}$$

ここで, λ は一定の単位リスク・プレミアムを表す. GARCH オプション価格付けモデルでのリスク中立評価は, 資産収益過程の分散不均一性を調整するために一般化しなければならない. そこで, Duan (1995) は局所リスク中立性 (LRNVR) [11] を利用した. 真の確率測度 P に対して Q をリスク中立測度とすると, LRNVR は確率測度 Q の下で (9.2.4), (9.3.2), (9.3.6) 式は,

$$R_t = r - \frac{1}{2}\sigma_t^2 + \xi_t, \tag{9.3.7}$$

$$\xi_t | \Omega_{t-1} \sim i.i.d. N(0, \sigma_t^2),$$

$$\sigma_t^2 = \omega + \beta_j \sigma_{t-1}^2 + \alpha_i (\xi_{t-i} - \lambda \sigma_{t-1})^2 \tag{9.3.8}$$

となる. ここで, Ω_{t-1} は時点 $t-1$ を含む $t-1$ 時点までの利用可能な情報集合である. リスクは確率測度 Q の下で局所的に中立化されているが, 単位リスク・プレミアム λ はボラティリティの過程に影響を及ぼしている. したがって, 満期日 T, 権利行使価格 K のヨーロピアン・コール・オプション価格は,

$$C_t^{GH} = e^{-(T-t)r} E^Q[Max(S_T - K, 0)|\Omega_t] \tag{9.3.9}$$

と表現される. プット・オプションについては, ここではプット・コール・パリティ式 (put-call parity) により導出している[12].

---

[11] LRNVR とは, 確率測度 Q が確率測度 P に関して相互に絶対連続であるとき, 以下の 3 つの条件を満足することをいう.

1. $S_t/S_{t-1}|\Omega_{t-1}$ が確率測度 Q の下で対数正規分布に従っている.
2. $E^Q\left[\left.\dfrac{S_t}{S_{t-1}}\right|\Omega_{t-1}\right] = e^r$.
3. 確率測度 P に関して,
$Var^Q\left[\left.\ln\left(\dfrac{S_t}{S_{t-1}}\right)\right|\Omega_{t-1}\right] = Var^P\left[\left.\ln\left(\dfrac{S_t}{S_{t-1}}\right)\right|\Omega_{t-1}\right]$ a.s.

ここで, $E^Q[\cdot]$ は確率測度 Q の下での期待値を表し, $Var^Q[\cdot]$, $Var^P[\cdot]$ は, それぞれ 確率測度 Q, 確率測度 P の下での分散を表す.

[12] このときプット・オプションは, $P_t^{GH} = C_t^{GH} - S_t + e^{-(T-t)r}K$ となる.

日経 225 の標本期間は，1991 年 1 月 7 日から 1997 年 12 月 30 日までであり，標本数は 1,725 である．GARCH(1,1) モデルと GJR(1,1) モデルのパラメータの推定には，疑似最尤法 (QML) を利用している．オプション評価には，(9.3.9) 式に対してモンテカルロ・シミュレーションを用いてオプション価格を導出している．モンテカルロ・シミュレーションの分散減少法には制御変数法を利用している．日経 225 オプションの標本期間は 1995 年 1 月限月から 1997 年 12 月限月までであり，標本数はコール・オプションが 262，プット・オプションが 269 である．無リスク資産利子率 r には，コール・レートを使用している．モデルのパフォーマンスの評価に関しては，以下のように平均誤差率 (Mean Error Rate; MER) と平均 2 乗誤差率の平方根 (Root Mean Square Error Rate; RMSER) を計算し，各モデルの比較を行なっている．

$$\mathrm{MER} = \frac{1}{N}\sum_{i=1}^{N}\left(\frac{\hat{X}_i^{\text{推定値}} - X_i^{\text{市場価格}}}{X_i^{\text{市場価格}}}\right), \quad (9.3.10)$$

$$\mathrm{RMSER} = \sqrt{\frac{1}{N}\sum_{i=1}^{N}\left(\frac{\hat{X}_i^{\text{推定値}} - X_i^{\text{市場価格}}}{X_i^{\text{市場価格}}}\right)^2}, \quad X = C, P. \quad (9.3.11)$$

MER の値を計算することにより，モデルの推定値が市場価格と比べてどの程度バイアスを持っているかが明らかになる．もう 1 つの RMSER は，推定値と市場価格の乖離度を示す基準である．マネネスは，Bakshi et $al.$ (1997) を参考にして表 9.1 のように 5 種類のカテゴリーに分類している．

コール・オプションでは，MER から DOTM, OTM と ITM, DITM の B-S モデルの underpricing を修正できることがわかる．特に，OTM で顕著である．また，RMSER から理論値と市場価格の乖離率はすべてのマネネスにおいて GARCH オプションの方が小さくなるという結果となっている．これは，GARCH オプションは B-S モデルよりも価格付けのパフォーマンスが優れていることを意味する．プット・オプションでは，MER に関しては，コール・オプションと同様の結果が得られ，RMSER に関しては DOTM において GARCH オプションは B-S モデよりも価格付けのパフォーマンスが優れているわけではないことがわかる．しかし，他のマネネスでは理論値と市場価格の乖離率は

表 9.1: マネネスによるオプションの分類; 三井 (2000)

マネネス	コール	プット
$S/K < 0.91$	deep-out-of-the-money (DOTM)	DITM
$0.91 \leq S/K < 0.97$	out-of-the-money (OTM)	ITM
$0.97 \leq S/K \leq 1.03$	at-the-money (ATM)	ATM
$1.03 < S/K \leq 1.09$	in-the-money (ITM)	OTM
$1.09 < S/K$	deep-in-the-money (DITM)	DOTM

(注) S は原資産価格, K は権利行使価格を表す.

GARCH オプションの方が小さくなるという結果となった. 全体的にみれば, GARCH オプションのパフォーマンスは優れているという結果を得ている.

9.3.3 原資産収益率の裾が厚い分布を考慮したオプション評価

資産収益率の分布は, 古くから Mandelbrot (1963), Fama (1965) で指摘されているように正規分布よりも裾が厚い分布であることが知られている[13]. 渡部 (2003) では, この点を考慮して GARCH(1,1) モデル, EGARCH(1,1) モデル, GJR(1,1) モデルの誤差項の分布に対して, t 分布を仮定して日経 225 オプションの実証研究を行なっている. ここでは, 原資産となる日経 225 株価収益率 R_t の過程とボラティリティ σ_t^2 の過程を (9.2.1) – (9.2.6) 式で定式化している. (9.2.3) 式の z_t の分布の仮定を以下のようにおく.

$$z_t \sim i.i.d.\,t(0, 1, \nu) \tag{9.3.12}$$

ここで, ν は自由度 (degree of freedom) を表す. R_t の過程として, (9.2.1) 式とは異なる過程でも定式化を行なっている. 一つは, リスクとリターンのトレード・オフを考慮に入れ,

$$R_t = \mu + \lambda \sigma_t^2 + \epsilon_t \tag{9.3.13}$$

と定式化している. もう一つは, 日経 225 のような株価指数は, 収益率に正の自己相関が生じやすいためリスク中立性を仮定しない場合の R_t の過程を以下の

---
[13] 株価収益率の分布は, 正規分布よりも両裾が厚く, 左右非対称であることが検証されている.

ように定式化している.

$$R_t = \mu + a + bR_{t-1} + \lambda \sigma_t^2 + \epsilon_t. \tag{9.3.14}$$

ここで, $a = b = \lambda = 0$ であれば, (9.2.1) 式と同じになる.

オプション価格の導出には,投資家のリスク中立性を仮定した場合と三井 (2000) と同様に Duan (1995) の局所リスク中立性を仮定した場合に関して分析を行なっている. Duan (1995) のリスク中立測度に従い, GARCH(1,1) モデルを変換すると (9.3.8) 式となり, EGARCH(1,1) モデルと GJR(1,1) モデルを変換すると, 各々, 以下のようになる.

$$\sigma_t^2 = \omega + \beta \sigma_{t-1}^2 + (\alpha + \gamma D_{t-1}^-)(\epsilon_{t-1} - \lambda \sigma_{t-1})^2, \tag{9.3.15}$$
$$\ln(\sigma_t^2) = \omega + \beta \ln(\sigma_{t-1}^2) + \gamma(z_{t-1} - \lambda) + \alpha \left(|z_{t-1} - \lambda| - \sqrt{2/\pi} \right). \tag{9.3.16}$$

これらのモデルに従い, (9.2.11), (9.2.12) 式でオプション価格を導出している. ここでは, 分散減少法として制御変数法と負相関法を併せて用いてモンテカルロ・シミュレーションによりオプション評価を行なっている. 日経 225 の標本期間は 1991 年 2 月 26 日から 2009 年 12 月 9 日までである. ARCH 型モデルのパラメータの推定には, 疑似最尤法を利用している. 日経 225 オプションの標本期間は 1997 年 5 月限月から 2002 年 4 月限月までであり, 標本数はコール・オプションが 609, プット・オプションが 662 である. 満期日まで 30 日のオプションの終値を対象としている. 無リスク資産利子率としては, 1ヶ月物のコール・レートを用いている. モデルのパフォーマンス評価に関しては, 三井 (2000) と同様に (9.3.10) 式と (9.3.11) 式の MER と RMSER と表 9.1 の 5 つのカテゴリーのマネネスの分類で行なっている.

日経 225 オプションの実証分析では, 以下の結果が得られている. Duan (1995) の局所リスク中立性を用いても, 投資家のリスク中立性でオプションを評価した場合よりパフォーマンスが良くなるわけではない. また, 原資産となる日経 225 株価収益率の分布に対して, 裾の厚い t 分布を仮定して GARCH, EGARCH, GJR モデルを推定しても, ボラティリティの変動についてはより上手く捉える

ことができるが，オプション評価に対しては有効性が検証されない．株式市場での非対称性に関して，GARCH モデル，EGARCH モデル，GJR モデルによるオプション評価のパフォーマンスはマネネスによって異なる．すなわち，コール・オプションでは DOTM，OTM において，プット・オプションでは ITM，DITM において EGARCH，GJR モデルのパフォーマンスが GARCH モデルよりも良い．また，コール・オプションでは ITM，DITM において，プット・オプションでは DOTM，OTM において GARCH モデルのパフォーマンスが EGARCH，GJR モデルよりも良くなっている．EGARCH モデルと GJR モデルを比較した場合には，一部のマネネスを除いて，全体的に GJR モデルがオプション評価には優れていることを明らかにしている．

また，竹内 (2006) でも，GARCH，EGARCH，GJR，QGARCH モデルに対して，収益率の分布に標準正規分布と裾の厚い t 分布を仮定して日経 225 オプションの実証研究を行なっている．渡部 (2003) の実証結果と同様に，t 分布を仮定してもオプション評価に対しては有効性がないことを明らかにしている．

9.4 ベイズ推定法によるオプション評価

9.4.1 ARCH 型モデルのベイズ推定法

三井 (2000) の研究で用いられている GARCH モデルでは，ボラティリティ変動の非対称性を捉えることができない．また，疑似最尤法によりパラメータの推定を行ない，推定されたパラメータが真の値であると仮定してリスク中立測度の下で原資産価格を計算しているため，パラメータ推定に伴う誤差を考慮していないことが問題となる．三井・渡部 (2003) では，これらの問題点に対処するためボラティリティ変動の非対称性を考慮した EGARCH(1,1) モデルと GJR(1,1) モデルについても分析を行ない，MCMC (Markov-chain Monte Carlo) を用いたベイズ推定法で実証研究を行なっている．

収益率の過程と誤差項は，三井 (2000) と同様に (9.3.2)，(9.3.6) 式で定式化している．また，実証研究ではリスク・プレミアム λ を考慮しないケースに関し

ても分析を行なっている．GARCH(1,1), EGARCH(1,1), GJR(1,1) のボラティリティの変動過程は，各々，(9.2.4), (9.2.5), (9.2.6) 式を利用している．未知のパラメータを推定するためにベイズ推定法を用いる場合には，事前分布を設定しなければならない．そこで，それぞれのモデルに対して以下のような事前分布を設定する．(9.3.6) 式のリスク・プレミアム λ の事前分布は，

$$f(\lambda) \propto I[\lambda > 0] \tag{9.4.1}$$

とおく．ここで，$I[\cdot]$ は括弧内の区間では 1，それ以外では 0 となる関数 (indicator function) である．GARCH(1,1), EGARCH(1,1), GJR(1,1) モデルのパラメータの事前分布は以下のようになる[14]．

(A) GARCH(1,1): 未知のパラメータ ω, α, β に対して，

$$f(\ln(\omega)) \propto \text{const}, \ f(\alpha, \beta) \propto I[\alpha > 0]I[\beta > 0]I[\alpha + \beta < 1]. \tag{9.4.2}$$

(B) EGARCH(1,1): 未知のパラメータ $\omega, \alpha, \beta, \gamma$ に対して，

$$f(\omega) \propto \text{const}, \ f(\beta) \propto I[0 < \beta < 1], \ f(\alpha) \propto I[\alpha > 0], \ f(\gamma) \propto I[\gamma < 0]. \tag{9.4.3}$$

(C) GJR(1,1): 未知のパラメータ $\omega, \alpha, \beta, \gamma$ に対して，

$$f(\ln(\omega)) \propto \text{const}, \ f(\alpha, \beta) \propto I[\alpha > 0]I[\beta > 0]I[\alpha + \beta < 1], \ f(\gamma) \propto I[\gamma > 0]. \tag{9.4.4}$$

ここで，const は正の定数を表す．未知のパラメータ集合を Θ とする．このとき，事後分布 (posterior distribution) は以下のように与えられる．

$$f(\Theta|data) \propto f(data|\Theta)f(\Theta). \tag{9.4.5}$$

---

[14] GARCH(1,1), GJR(1,1) モデルで ω ではなく $\ln(\omega)$ を用いているのは，ω の値が非常に小さい値であることが過去の研究から推測され，また，正の値をとるので，対数をとった $\ln(\omega)$ の形で事前分布を設定している．

ここで, $f(data|\Theta)$ は尤度, $f(\Theta)$ は事前分布を表す. 事後分布からパラメータ集合をサンプリングするために, Tierney (1994) の提案した A-R / M-H (Acceptance-Rejection / Metropolis-Hastings) アルゴリズムを用いている[15].

9.4.2 ベイズ推定によるオプション価格の導出

三井・渡部 (2003) では, 三井 (2000), 渡部 (2003) と同様に Duan (1995) の局所リスク中立性を仮定してオプション評価を行なっている. Duan (1995) のリスク中立測度に従い, GARCH(1,1), EGARCH(1,1), GJR(1,1) モデルを変換すると, 各々, (9.3.8), (9.3.15), (9.3.16) 式となる. これらの式に従い, $\{R_{t+1}, \cdots, R_T\}$ を計算する. 計算された $\{R_{t+1}, \cdots, R_T\}$ を以下のように満期日での原資産価格に変換する.

$$S_T = S_t \exp\left(\sum_{i=t+1}^{T} R_i\right). \tag{9.4.6}$$

したがって, これら定式化の下では, $\{\Theta_1, \ldots, \Theta_N\}$ で表記される N 個のパラメータ集合のサンプルを用いて, ヨーロピアン・コール・オプション価格とヨーロピアン・プット・オプション価格は, 割引現在価値を平均することにより以下のように評価することができる.

$$C_t^{MCMC} = e^{-(T-t)r} \frac{1}{N} \sum_{j=1}^{N} [Max(S_T(\Theta_j) - K, \, 0)], \tag{9.4.7}$$

$$P_t^{MCMC} = e^{-(T-t)r} \frac{1}{N} \sum_{j=1}^{N} [Max(K - S_T(\Theta_j), \, 0)]. \tag{9.4.8}$$

---

[15] 未知のパラメータ集合を Θ とする. このとき, 事後分布は以下のように与えられる.
$$f(\Theta|data) \propto f(data|\Theta)f(\Theta).$$
ここで, $f(data|\Theta)$ は尤度, $f(\Theta)$ は事前分布を表す.

したがって，$\{\Theta_1, \ldots, \Theta_N\}$ で表記される N 個のサンプルを用いて，(9.4.7)，(9.4.8) 式を以下のように計算することにより求められる．

$$C_t^{MCMC} = e^{-(T-t)r} \frac{1}{N} \sum_{j=\Theta_1}^{\Theta_N} \left[Max \left(S_t \exp \left(\sum_{s=t+1}^{T} R_s^j \right) - K, \; 0 \right) \right], \quad (9.4.9)$$

$$P_t^{MCMC} = e^{-(T-t)r} \frac{1}{N} \sum_{j=\Theta_1}^{\Theta_N} \left[Max \left(K - S_t \exp \left(\sum_{s=t+1}^{T} R_s^j \right), \; 0 \right) \right]. \quad (9.4.10)$$

MCMC を用いたベイズ推定法では，これまでの先行研究のように ARCH 型モデルのパラメータの推定とモンテカルロ・シミュレーションによるオプション評価と分けることなくオプション価格を導出することができる．

日経 225 の標本期間・標本数，日経 225 オプションの標本期間・標本数，パフォーマンスの評価法，マネネスは，三井 (2000) と同じである．無リスク資産利子率 r には，有担保1ヶ月物のコール・レートを使用している．実証分析の結果して，B-S モデルと比較すると GARCH, EGARCH, GJR モデルは コール・オプションでは，ATM, ITM で優れ，プット・オプションでは，DOTM, DITM で優れているという結果となっている．また，GARCH, EGARCH, GJR モデルの中では，取引量の多いマネネス (コールは OTM と ATM, プットは ATM と ITM では，GJR モデルが比較的，他のモデルよりも優れている．リスク・プレミアムの値は非常に小さく，オプション価格に特に影響するわけではない．そのため，Duan (1995) のモデルで評価したオプション価格は，渡部 (2003) と同様に伝統的なリスク中立性を仮定したモデルで評価された価格と大きな差異がないことが示されている．

9.5　長期記憶モデルによるオプション価格付け

竹内 (野木森)・渡部 (2008) は，ボラティリティ変動の長期記憶性を考慮することにより日経 225 オプションの実証研究を行なっている．また，ボラティリティ変動の長期記憶性だけでなく，収益率とボラティリティの非対称性も捉えることができるように FIEGARCH モデルにより分析を行なっている．ここで

第9章 ARCH型モデルによる日経225オプションの実証研究に関するサーベイ 147

は，投資家のリスク中立性を仮定して，t 時点の日経225の株価を S_t とするとき，収益率 R_t の過程を以下のように定式化している．

$$R_t = \ln(S_t) - \ln(S_{t-1}) + div,$$
$$= r_t - \frac{1}{2}\sigma_t^2 + \epsilon_t. \tag{9.5.1}$$

ここで，div は連続複利で計算された日次配当を表し，r_t は連続複利で計算された無リスク資産の利子率の日次の値を表す．また，収益率の過程が (9.3.6) 式の場合も分析を行なっている．

ボラティリティ σ_t^2 の変動過程には，ボラティリティの長期記憶性を捉えるため (9.2.7) 式の FIEGARCH(1,d,0) モデルを用い，比較モデルとして短期記憶モデルである (9.2.4) 式の GARCH(1,1) モデルと (9.2.5) 式の EGARCH(1,1) モデルも用いている．Duan (1995) のリスク中立測度に従い，(9.2.7) 式を変換すると以下のようになる．

$$\ln(\sigma_t^2) = \omega + [1 - \beta(L)]^{-1}(1 - L)^{-d}g(u_{t-1}), \tag{9.5.2}$$
$$g(u_{t-1}) = \theta(u_{t-1} - \lambda) + \gamma[|u_{t-1} - \lambda| - E|z_{t-1}|],$$
$$u_t = z_t + \lambda.$$

FIEGARCH(1,d,0) モデル，EGARCH(1,1) モデル，GARCH(1,1) モデルのパラメータの推定には，疑似最尤法を利用している．モンテカルロ・シミュレーションにより (9.2.11), (9.2.12) 式でオプション価格を導出している．ここでは，Duan and Shimonato (1998) の経験的マルチンゲール・シミュレーション (Empirical Martingale Simulation; EMS) により補正を行なっている[16]．分散減少法には制御変数法を利用している．東京証券取引所一部で取引されている日経225の225銘柄の取引は 15:00 で終了となる．しかし，日経225オプションは 15:10 に取引終了となる．そのためオプションの市場価格には 15:00 に一番近い売り気配と買い気配の平均値を用いている．日経225オプションの標本期間は 2001 年 4 月限月から 2007 年 9 月限月までであり，標本数はコール・オ

---

[16] 詳しくは，竹内 (野木森)・渡部 (2008) の補論 B を参照．

プションが 715, プット・オプションが 730 である. 無リスク資産利子率 r_t には, 1ヶ月物の CD レートを使用している. また, 配当率は, 年率 0.5% で一定としている[17]. モデルのパフォーマンスの評価に関しては, (9.3.10) 式と (9.3.11) 式の MER と RMSER 以外にも理論価格のバイアスを測るため以下のような平均誤差 (Mean Error; ME) と平均 2 乗誤差 (Root Mean Square Error; RMSE) も用いて各モデルの比較を行なっている.

$$\mathrm{ME} = \frac{1}{N}\sum_{i=1}^{N}\left(\hat{X}_i^{推定値} - X_i^{市場価格}\right), \tag{9.5.3}$$

$$\mathrm{RMSE} = \sqrt{\frac{1}{N}\sum_{i=1}^{N}\left(\hat{X}_i^{推定値} - X_i^{市場価格}\right)^2}, \quad X = C, P. \tag{9.5.4}$$

ME と RMSE により市場価格と推定値のバイアスを検証することができる. また, マネネスの分類は, 図表 9.1 の 5 つのカテゴリーで行なっている.

コール・オプションでは, FIEGARCH モデルによるオプション評価が最もパフォーマンスが良く, プット・オプションでは, FIEGARCH モデルが最もパフォーマンスが良いわけではないが RMSE の基準ではパフォーマンスが最も高くなるという実証結果となっている. また, すべてのモデルでボラティリティを過大評価しており, オプション価格を過大評価していることを指摘している. さらに, シミュレーションにより求められた満期日 T 時点での原資産の日経 225 株価 S_T の分布に関しても分析を行なっている. S_T の歪度の値がボラティリティ一定の B-S モデルと非対称性のない GARCH モデルでは正の値になり, 非対称性を考慮した EGARCH モデルと FIEGARCH モデルでは負の値になるということである. このことがオプション評価に影響していることを示している. 局所リスク中立性による分析では, FIEGARCH モデルを用いた場合でも渡部 (2003), 三井・渡部 (2003), 竹内 (2006) と同様にパフォーマンスは改善されないことを明らかにしている.

---

[17] 実証研究を行なう際, B-S モデルに対しても配当があるモデルでオプション評価を行なっている.

9.6 ARCH型モデルの応用によるオプション価格付け

9.6.1 Markov-Switchingモデルによるオプション評価

Hamilton and Susmel (1994) と Cai (1994) は，構造変化を捉えるためにARCHモデルの定式化にマルコフ過程に従う状態変数を含めた MS-ARCH モデルを提案した．さらに，Gray (1996) は資産価格の変動を捉えるために，ARCHモデルではなく時系列モデルのパラメータがマルコフ過程に従う構造変化を含めた MS-GARCH モデルを提案した．Satoyoshi and Mitsui (2011) では，Gray (1996) の MS-GARCH モデルにより日経225オプションの実証研究を行なっている．収益率 R_t の過程は (9.2.1) 式とし，ボラティリティ σ_t^2 の過程は以下のように定式化している．

$$\sigma_t^2 = \omega_{s_t} + \alpha_{s_t}\epsilon_{t-1}^2 + \beta_{s_t}E[\sigma_{t-1}^2|\Omega_{t-2}], \tag{9.6.1}$$

$$\omega_{s_t} = \omega_0(1-s_t) + \omega_1 s_t, \tag{9.6.2}$$

$$\alpha_{s_t} = \alpha_0(1-s_t) + \alpha_1 s_t, \tag{9.6.3}$$

$$\beta_{s_t} = \beta_0(1-s_t) + \beta_1 s_t. \tag{9.6.4}$$

ボラティリティ σ_t^2 は，$t-1$ 時点までの情報集合 $\Omega_{t-1} = \{R_{t-1}, R_{t-2}, \cdots\}$ と t 時点の状態変数 s_t を条件とした ϵ_t の条件付分散，つまり，$\sigma_t^2 = Var[\epsilon_t|I_{t-1}, s_t]$ である．(9.6.1) 式の Ω_{t-2} は $t-2$ 時点までの情報集合 $\Omega_{t-2} = \{R_{t-2}, R_{t-3}, \cdots\}$ である．(9.6.2), (9.6.3), (9.6.4) 式の s_t はマルコフ過程に従う状態変数であり，その推移確率は，

$$\Pr[s_t = 1|s_{t-1} = 1] = p, \quad \Pr[s_t = 0|s_{t-1} = 0] = q \tag{9.6.5}$$

であるとする．ただし，$\Pr[s_t = j|s_{t-1} = i]$ は，状態 i から状態 j に推移する確率である．$s_t = 0$ のときのボラティリティを σ_{0t}^2，$s_t = 1$ のときのボラティリ

ティを σ_{1t}^2 とすると，ボラティリティ σ_t^2 は各々，

$$\begin{cases} s_t = 0 \text{ のとき}, & \sigma_{0t}^2 = \omega_0 + \alpha_0 \epsilon_{t-1}^2 + \beta_0 E[\sigma_{t-1}^2 | \Omega_{t-2}], \\ s_t = 1 \text{ のとき}, & \sigma_{1t}^2 = \omega_1 + \alpha_1 \epsilon_{t-1}^2 + \beta_1 E[\sigma_{t-1}^2 | \Omega_{t-2}] \end{cases}$$

となる．z_t の分布には，(9.3.2) 式の標準正規分布と (9.3.12) 式の t 分布を仮定している．この他に，MS モデルと GARCH モデルによるオプション評価の比較もここでは行っている．

　日経 225 の標本期間は 1990 年 2 月 22 日から 2005 年 3 月 10 日までである．MS-GARCH モデルのパラメータの推定には，最尤法を利用している．オプション評価の際には，投資家のリスク中立性を仮定し，(9.2.11)，(9.2.12) 式のモンテカルロ・シミュレーションを用いてオプション価格を導出している．モンテカルロ・シミュレーションの分散減少法には制御変数法と負相関法を併せて用いている．日経 225 オプションの標本期間は 2000 年 5 月限月から 2005 年 4 月限月までであり，標本数はコール・オプションが 608，プット・オプションが 671 である．満期日まで 20 日のオプションの終値を対象としている．無リスク資産利子率としては，無担保コール翌日物を用いている．モデルのパフォーマンス評価に関しては，三井 (2000)，三井・渡部 (2003) と同様に (9.3.10) 式と (9.3.11) 式の MER と RMSER により行なっている．また，マネネスの分類は，表 9.1 の 5 つのカテゴリーで行なっている．

　コール・オプションについては，MER の基準では GARCH モデルによるオプション価格付けのパフォーマンスが最も優れており，RMSER の基準では t 分布を仮定した MS-GARCH モデルによるオプション価格付けのパフォーマンスが最も優れているという結果となっている．また，MS-GARCH モデルは DOTM，OTM，ATM，ITM における B-S モデルの underpricing を修正できることが明らかにしている．特に，このことは DOTM と OTM において顕著である．プット・オプションについては，MER の基準では t 分布を仮定した MS モデルによるオプション価格付けのパフォーマンスが最も優れており，RMSER の基準では t 分布を仮定した GARCH モデルによるオプション価格付けのパフォーマンスが最も優れているという結果を得ている．全体的にみる

と，MS-GARCH モデルによるオプション評価は，B-S モデルよりも適正な価格付けを行なうことができる．また，原資産価格収益率に対する t 分布の仮定とボラティリティが MS 過程に従うという仮定は，オプション価格の評価において非常に重要であるということを明らかにしている[18]．

9.6.2 原資産収益率の分布の歪みを考慮したオプション評価

これまでの ARCH 型モデルを用いた日経 225 オプションの先行研究では，原資産収益率の分布の歪みを考慮したモデルによる研究はなかった．Haas et al. (2004) と Alexander and Lazar (2006) は，収益率の分布の裾の厚さと左右非対称性を捉えるため混合正規分布と GARCH モデルを組み合わせた混合正規 GARCH モデルを提案した．そこで，里吉・三井 (2013c) では，Haas et al. (2004) と Alexander and Lazar (2006) の混合正規 GARCH モデルを応用し，ボラティリティの変動が EGARCH モデルに従う混合正規 EGARCH モデルを提案し，実証研究を行なっている．

混合正規 EGARCH モデルは，以下のように表現される．

$$R_t | I_{t-1} \sim \text{NM}(p_1, \cdots, p_K; \mu_1, \cdots, \mu_K; \sigma_{1t}^2, \cdots, \sigma_{Kt}^2), \tag{9.6.6}$$

$$\ln \sigma_{it}^2 = \omega_i + \beta_i \ln \sigma_{i,t-1}^2 + \theta z_{i,t-1} + \gamma \left(|z_{i,t-1}| - E(|z_{t-1}|) \right), \tag{9.6.7}$$

$$z_{i,t-1} = [R_{t-1} - E(R_{t-1} | I_{t-2})] / \sigma_{i,t-1}, \quad i = 1, 2, \cdots, K. \tag{9.6.8}$$

ここで，NM は，Normal Mixture を表す[19]．(9.6.7) 式の $E(|z_{t-1}|)$ は $\sqrt{2/\pi}$ となる．ここでは，混合正規分布を構成する正規分布の数は 4 つとし，$K = 4$

---

[18] Mitsui and Satoyoshi (2010) でも同様な結果が得られている．
[19] 確率変数 X が K 個の正規分布から構成される混合正規分布に従うとき，その確率密度関数は，

$$f(x) = \sum_{i=1}^{K} p_i \phi(x; \mu_i, \sigma_i^2)$$

となる．ここで，加重値 p_i は $p_i \in (0,1)$，$i = 1, 2, \cdots, K$，$\sum_{i=1}^{K} p_i = 1$ であり，各成分 $\phi(x; \mu_i, \sigma_i^2)$ は，

$$\phi(x; \mu_i, \sigma_i^2) = \frac{1}{\sqrt{2\pi\sigma_i^2}} \exp\left[-\frac{(x - \mu_i)^2}{2\sigma_i^2} \right]$$

としている. また, 株価収益率の分布は裾が厚いことが知られているため t 分布を成分とした混合 t 分布についても分析を行なっている. ν を自由度とするとき $K=4$ の混合 t 分布は以下のように表される.

$$R_t|I_{t-1} \sim tM(p_1,\cdots,p_4;\mu_1,\cdots,\mu_4;\sigma_{1t}^2,\cdots,\sigma_{4t}^2;\nu) \qquad (9.6.9)$$

ここで, tM は, t Mixture を表す. このとき, (9.6.7) 式の $E(|z_{t-1}|)$ は,

$$E(|z_{t-1}|) = \left[2\sqrt{\nu-2}\Gamma((\nu+1)/2)\right] / \left[(\nu-1)\Gamma(\nu/2)\sqrt{\pi}\right]$$

となる. このモデルを混合 t EGARCH モデルとする.

　日経 225 の標本期間は 1991 年 2 月 26 日から 2009 年 12 月 9 日までである. 混合正規 EGARCH モデルと混合 t EGARCH モデルのパラメータの推定には, 最尤法を利用している. オプション評価の際には, 森保 (1999), 三井・渡部 (2003), Satoyoshi and Mitsui (2011) と同様に投資家のリスク中立性を仮定[20]し, モンテカルロ・シミュレーションを用いてオプション価格を導出している. モンテカルロ・シミュレーションの分散減少法には制御変数法と負相関法を併せて用いている. 日経 225 オプションの標本期間は 2005 年 6 月限月から 2010 年 1 月限月までの 56 限月であり, 標本数はコール・オプションが 741, プット・オプションが 816 である. 満期日まで 30 日のオプションの終値を対象としている. 無リスク資産利子率としては, CD を用い, オプションが満期の 1ヶ月前であることから, CD も同じ 1ヶ月物にして, 売り気配と買い気配の中間値を無リスク資産利子率としている.

　モデルのパフォーマンス評価に関しては, 三井 (2000) と Satoyoshi and Mitsui (2011) と同様に (9.3.10) 式と (9.3.11) 式の MER と RMSER により行なっている. 里吉・三井 (2013c) はこれまでの先行研究とは異なり, オプションのサンプ

となり, 以下のように表す.

$$X \sim NM(p_1,\cdots,p_K;\mu_1,\cdots,\mu_K;\sigma_1^2,\cdots,\sigma_K^2).$$

[20] 混合正規分布の左右非対称性と裾の厚さを保証するために, 混合正規分布を 4 つにしてパラメータに制約を置くなどの若干の工夫が必要となる.

第9章 ARCH型モデルによる日経225オプションの実証研究に関するサーベイ

表 9.2: マネネスによるオプションの分類; 里吉・三井 (2013c)

マネネス	コール	プット
$S/K < 0.85$	very-deep-out-of-the-money (VDOTM)	VDITM
$0.85 \leq S/K < 0.91$	deep-out-of-the-money (DOTM)	DITM
$0.91 \leq S/K < 0.97$	out-of-the-money (OTM)	ITM
$0.97 \leq S/K \leq 1.03$	at-the-money (ATM)	ATM
$1.03 < S/K \leq 1.09$	in-the-money (ITM)	OTM
$1.09 < S/K \leq 1.15$	deep-in-the-money (DITM)	DOTM
$1.15 < S/K$	very-deep-in-the-money (VDITM)	VDOTM

(注) S は原資産価格, K は権利行使価格を表す.

ルの偏りを調整するために，原資産価格と権利行使価格との乖離率が非常に高いオプションに関しては，Duan et al. (2006), Benhamou et al. (2010) を参考にして新たに very-deep-out-of-the-money (VDOTM), very-deep-in-the-money (VDITM) を追加し，マネネスは表 9.2 のように 7 種類のカテゴリーに分類している[21]．

実証研究の結果，コール・オプションでは混合正規 EGARCH モデルによる価格付けが最もパフォーマンスが良く，特に，VDOTM と DOTM のコール・オプションで顕著であることを明らかにしている．しかしながら，プット・オプションでは，混合正規 EGARCH モデルと混合 t EGARCH モデルの有効性は示されていない．ここでは，B-S モデルが最も優れているという結果となっている．コール・オプションとプット・オプションとの間で相反する結果となったため，更に 1 年ごとの期間に区切って分析を行なっている．サンプル期間を区切った分析では，時期によりコール・オプションとプット・オプションの双方においてパフォーマンスに違いが出ることを示している．特に，原資産の日経225が上昇トレンドの時期と下降トレンド時期では，モデルにより結果が異なることを示唆している．また，プット・オプションはヘッジの機能が強いため，ボラティリティの変動とは違う要因で価格付けされている面が強いことを指摘している．

---

[21] Bakshi et al. (1997) のような従来の 5 種類のカテゴリーでは，DOIM と DOTM のオプションのサンプルが他のマネネスのオプションに比べて極端に多くなってしまうためである．

9.7 まとめと今後の展望

本章では,代表的なボラティリティの変動モデルである ARCH 型モデルによる日経 225 オプションの実証研究に関してサーベイを行なった.実際に ARCH 型モデルによるオプション評価は,B-S モデルよりもオプション価格を正確に捉えることができるかどうか,また,どの ARCH 型モデルを利用することがオプション評価に適しているかどうかに焦点を当てサーベイを行なった.

ARCH 型モデルを利用した場合,ボラティリティが満期まで一定であると仮定している B-S モデルよりもオプション評価のパフォーマンスは良くなることが明らかとなった.GARCH, EGARCH, GJR モデルを比較すると,全体的に GJR モデルによるオプション評価が比較的に良好な結果となっている.また,FIEGARCH モデル,MS-GARCH モデル,混合正規 EGARCH モデルを用いると,より精度を上げてオプション価格の変動を捉えることができることがわかった.しかし,株式市場の特性に合わせて,日経 225 オプションの原資産となる日経 225 株価収益率に対して,GARCH, EGARCH, GJR モデルでは裾の厚い t 分布を仮定しても,オプション評価にはほとんど影響を与えないことや,ARCH 型モデルに関してリスク・プレミアムを考慮して収益率の変動過程を定式化し,Duan (1995) の局所リスク中立性を導入しても,伝統的な投資家のリスク中立性を仮定した場合よりもオプション評価のパフォーマンスは上がらないことは今後の課題となるであろう.

無リスク資産金利に関して,Kim (2002) は,日経 225 オプションのデータを用いて金利変動モデルの実証研究を行なっている.そこでは,オプション価格付けに関して金利は重要な要因ではないという結果を得ている.そのため,コール・レートや CD 以外の無リスク資産利子率を用いても研究結果に影響はないと考えられる.しかし,今後,金利が上昇した場合には,無リスク資産利子率についてどの金利を使用するかも重要になってくると思われる.

理論的な解は B-S モデル以外にも Heston and Nandi (2000) は GARCH オプションについて解析解を与えている.株式市場の非対称性を捉える他のモデルとして Engle and Ng (1993) の NGARCH (Nonlinear asymmetric GARCH) モ

デルなど他の ARCH 型モデルや株式市場の構造変化を考慮した MS-EGARCH モデルなど, 日経 225 オプションの分析に使用されていない ARCH 型モデルは存在する. そのため, 今後の展望としてはこれらのモデルにより日経 225 オプションの実証分析を行ない比較することが考えられる. また, 高頻度データによる Realized Volatility モデルや Realized GARCH モデルなどとも, 比較・検討を行なうことが挙げられる. 投資家のリスク中立性を仮定しないモデルとして Duan (1995) の他に Siu et al. (2004) の定式化が参考になると思われる. さらに, 中・長期のオプションなど満期までの期間を変えたときの ARCH 型モデルの有効性についても検証する必要があろう. また, ボラティリティ変動モデルでのインプライド・ボラティリティ(implied volatility), ボラティリティ・スマイル (volatility smile) などの特性についても実証研究が行われることが期待される.

第 9 章の補論
補論 C: Black-Scholes モデル

B-S モデルでは, 原資産価格 S が対数正規に分布し, 以下の幾何ブラウン運動 (Geometric Brownian motion) モデルで記述されるとする.

$$dS = \mu S dt + \sigma S dz.$$

ここで, μ はドリフト項, dt は時間の微小変化, σ は標準偏差, dz はウィナー過程を表す. このとき, 時点 t での権利行使価格 K のヨーロピアン・コール・オプション価格 C_t^{BS} とヨーロピアン・プット・オプション価格 P_t^{BS} は, 以下の

B-S モデルで与えられる.

$$C_t^{BS} = S_t N(d_1) - Ke^{-r(T-t)} N(d_2),$$
$$P_t^{BS} = -S_t N(-d_1) + Ke^{-r(T-t)} N(-d_2),$$
$$d_1 = \frac{\ln(S_t/K) + (r + \sigma^2/2)(T-t)}{\sigma\sqrt{T-t}},$$
$$d_2 = d_1 - \sigma\sqrt{T-t}.$$

ここで, $N(\cdot)$ は標準正規分布の分布関数, r は無リスク資産利子率 (連続複利), T は満期日である.

あとがき

　本書では，様々な金融資産について ARCH 型モデルにより実証分析を行なった．本書を読み金融計量経済学に興味を持つ読者が増えれば本望である．ARCH 型モデルに関してより深く学習したい読者には，ARCH 型モデルに関して主要な論文を集めた論文集である Engle [ed.] (1995) を読むことを勧めたい．また，ARCH 型モデル実証研究に関して詳しく知りたい場合には，「まえがき」でも紹介した Xekalaki and Degiannakis (2010) が非常に便利である．豊富な実証例と応用例により，より一層理解を深めることができる．

　ARCH 型モデルを利用した金融資産分析の応用例としては，リスク管理[1]や本書の第 9 章でサーベイを行なったオプション評価が広く知られている．また，ARCH 型モデルと MS モデルを組み合わせた，本書の第 7 章・第 8 章の MS-GARCH モデルや MS-EGARCH モデルなどの MS-ARCH 型モデル[2]による分析が今後増えると思われる．さらに近年では高頻度データを用いた実証研究が盛んになり，今後，多くの研究が期待される．例えば，Takeuchi-Nogimori (2012), Ubukata and Watanabe (2013) などの Realized Volatility[3]や Realized GARCH モデル[4]を利用した研究が参考になる．

　これらの ARCH 型モデルともう一つの代表的なボラティリティ変動モデルである SV モデルについても読者には興味を持って頂きたいと考える．SV モデルに関してより深く学習したい読者には，SV モデルに関して主要な論文を集めた論文集である Shephard [ed.] (2005) が大変参考となる[5]．SV モデルは，モデルの推定が難しく，金融分析への応用に関して ARCH 型モデルのように容易に拡張できるわけではない．しかし，どちらのモデルが金融分析に有効であるかなど検証する必要がある．

　今後，多くの金融計量分析の理論・実証研究がなされることが期待される．

---

[1] Watanabe (2012) は，Value-at-Risk や Expected Shortfall のような Quantile forecast に関して実証研究を行なっている．
[2] 例えば，MS-GJR モデル, MS-FIGARCH モデル, MS-FIEGARCH モデルなどである．
[3] Realized Volatility のサーベイ論文として，渡部 (2007), 柴田 (2008) を参照．
[4] 詳しくは，Hansen et al. (2012) を参照．
[5] オプションへの応用に関しては，Heston (1993), 三井 (2004b), 三井 (2012c) を参照．

参考文献

[1] 石村貞夫・石村園子 (2008),『増補版 金融・証券のためのブラック・ショールズ微分方程式』, 東京図書.

[2] 市川博也 (2007),『応用経済学のための時系列分析』, 朝倉書店.

[3] 大鋸崇・大屋幸輔 (2009),「株式市場におけるブル相場, ベア相場の日次データを用いた分析—ベイジアンアプローチ」,『ジャフィー・ジャーナル（金融工学と市場計量分析）』, pp. 112–150.

[4] 沖本竜義 (2010),『経済・ファイナンスデータの計量時系列分析』, 朝倉書店.

[5] 大村敬一・宇野淳・川北英隆・俊野雅司 (1998),『株式市場のマイクロストラクチャー』日本経済新聞社.

[6] 財団法人日本証券経済研究所 [編] (2005),『アメリカの証券市場』財団法人日本証券経済研究所.

[7] 里吉清隆 (2004),「マルコフ・スイッチング GARCH モデルによる日本の株式市場のボラティリティの分析」, 日本統計学会『日本統計学会誌』, 第 34 巻, 第 1 号, pp. 1–19.

[8] 里吉清隆・三井秀俊 (2006),「マルコフ・スイッチング・モデルによるオプション評価の実証研究」, 日本大学経済学部産業経営研究所『産業経営研究』, 第 28 号, pp. 51–71.

[9] 里吉清隆・三井秀俊 (2007),「期待収益率スイッチング・モデルによる日経 225 オプションの実証研究」, 日本大学経済学部産業経営研究所『産業経営研究』, 第 29 号, pp. 115–136.

[10] 里吉清隆・三井秀俊 (2011a),「原資産価格のブル・ベアを考慮したオプション価格付けの実証研究」, 日本大学経済学部産業経営研究所『産業経営研究』, 第 33 号, pp. 63–87.

[11] 里吉清隆・三井秀俊 (2011b),「日経平均株価のブル・ベア相場の分析 —マルコフ・スイッチング EGARCH モデルの応用—」, 大阪証券取引所『先物・オプションレポート』, Vol.23, No.11, pp.1–5.
2013 年 10 月 20 日 <http://www.ose.or.jp/f/research_reports/396/reports/rerk1111.pdf>.

[12] 里吉清隆・三井秀俊 (2013a),「調整局面・反発局面を含めた日経平均株価のトレンド識別」, 大阪証券取引所『先物・オプションレポート』, Vol.25, No.3, pp. 1–5.

2013 年 10 月 15 日 <http://www.ose.or.jp/f/research_reports/624/reports/rerk1303.pdf>.

[13] 里吉清隆・三井秀俊 (2013b), 「マルコフ・スイッチング EGARCH モデルによる日経平均株価のブル・ベア相場の実証分析」, 『証券経済学会年報』, 第 48 号, pp. 279–282.

[14] 里吉清隆・三井秀俊 (2013c), 「原資産の収益率に歪みがある場合のオプション評価 —混合正規 EGARCH モデルによる分析—」, 日本統計学会『日本統計学会誌』, 43, pp. 1–23.

[15] 柴田舞 (2008), 「高頻度データによるボラティリティの推定: Realized Volatility のサーベイと日本の株価指数および株価指数先物の実証分析」, 日本銀行金融研究所『金融研究』, 第 27 巻, 第 1 号, pp. 1–54.

[16] 高橋弘 (1992), 『アメリカの先物・オプション市場』, 東洋経済新報社.

[17] 高橋弘 (2002), 『先物世界の構図 –21 世紀グローバル市場のスケッチ–』, 商事法務.

[18] 竹内明香 (2006), 「日経 225 オプション価格の実証分析 〜 ARCH, ARCH-t, SV モデルによる比較」, 『一橋経済学』, 2, pp. 187–208.

[19] 竹内 (野木森) 明香 (2012), 「個別株式ボラティリティの長期記憶性と非対称性の FIEGARCH モデルと EGARCH モデルによる実証分析」, 日本統計学会『日本統計学会誌』, 第 42 巻, 第 1 号, pp. 1–23.

[20] 竹内 (野木森) 明香・渡部敏明 (2008), 「日本の株式市場におけるボラティリティの長期記憶性とオプション価格」, MTP フォーラム・日本ファイナンス学会『現代ファイナンス』, No.24, pp. 45–74.

[21] ヘンドリー, D. F.・J. A. ドーニック (市川博也 [訳・解説]) (2006), 『PcGive による時系列分析入門』, 日本評論社.

[22] 松葉育雄 (2007), 『長期記憶過程の統計 —自己相似な時系列の理論と方法—』, 共立出版.

[23] 三井秀俊 (1998), 「日経 225 株価指数とオプション価格の確率的分散変動モデルによる分析」, 日本証券経済研究所『ファイナンス研究』, No.24, pp. 23–40.

[24] 三井秀俊 (2000), 「日経 225 オプション価格の GARCH モデルによる分析」, MTP フォーラム・日本ファイナンス学会『現代ファイナンス』, No.7, pp. 57–73.

[25] 三井秀俊 (2004a), 「ボラティリティ変動モデルによるオプション評価法の展開」, 日本大学経済学研究会『経済集志』, 第 74 巻, 第 1 号, pp. 109–140.

[26] 三井秀俊 (2004b), 『オプション価格の計量分析』, 税務経理協会.

[27] 三井秀俊 (2004c), 「疑似最尤法による非対称確率的分散変動モデルの推定について」, 日本大学経済学研究会『経済集志』, 第 73 巻, 第 4 号, pp. 109–121.

[28] 三井秀俊 (2005a), 「非対称確率的ボラティリティ・モデルによる日経 225 オプション価格の分析」, 日本大学経済学部経済科学研究所『紀要』, 第 35 号, pp. 135–153.

参考文献

- [29] 三井秀俊 (2005b),外国為替レート収益率とボラティリティとの非対称性の考察,日本大学経済学部『経済集志』, 第 75 巻, 第 2 号, pp. 47–53.
- [30] 三井秀俊 (2007),「外国為替レート変動の GARCH モデルによる分析」, 日本大学経済学部『経済集志』, 第 76 巻, 第 4 号, pp. 29–40.
- [31] 三井秀俊 (2008a),「EGARCH モデルによる個別株式の株価変動に関する分析」, 日本大学経済学部『経済集志』, 第 77 巻, 第 4 号, pp. 173–185.
- [32] 三井秀俊 (2008b),「ARCH 型モデルによる規制緩和・規制強化による金融市場の構造変化の検証法」, 日本大学経済学部経済科学研究所『紀要』, 第 38 号, pp. 125–131.
- [33] 三井秀俊 (2010),「G@RCH による資産価格の時系列分析」, 日本大学経済学部産業経営研究所『産業経営研究』, 第 31 号, pp. 123–136.
- [34] 三井秀俊 (2011),「4-state Markov-Switching EGARCH モデルの考察」, 日本大学経済学部『経済集志』, 第 81 巻, 第 3 号, pp. 165–169.
- [35] 三井秀俊 (2012a),「東日本大震災による日本の株式市場の構造変化の検証」, 日本大学経済学部産業経営研究所『産業経営研究』, 第 34 号, pp. 31–41.
- [36] 三井秀俊 (2012b),「日本の商品先物市場におけるボラティリティの長期記憶性に関する分析」, 日本大学経済学部『経済集志』, 第 82 巻, 第 2 号, pp. 33–55.
- [37] 三井秀俊 (2012c),「連続時間確率的分散変動オプション価格の閉じた解の考察」, 大阪証券取引所『先物・オプションレポート』, Vol.24, No.8, pp. 1–5. 2013 年 12 月 1 日 <http://www.ose.or.jp/f/research_reports/578/reports/rerk1208.pdf>.
- [38] 三井秀俊 (2013a),「Fractionally Integrated ARCH 型モデルによる日経 225 先物価格の分析」, 日本大学経済学部産業経営研究所『産業経営研究』, 第 34 号, pp. 23–33.
- [39] 三井秀俊 (2013b),「長期記憶モデルによる日経 225 先物のボラティリティに関する実証分析」, 大阪証券取引所『先物・オプションレポート』, Vol.25, No.6, pp. 1–6. 2013 年 11 月 26 日 <http://www.ose.or.jp/f/research_reports/649/reports/rerk1306.pdf>.
- [40] 三井秀俊 (2014a),「日経平均株価の長期トレンド分析」, 大阪取引所『先物・オプションレポート』, Vol.26, No.5, pp. 1–7. 2014 年 5 月 25 日 <http://www.ose.or.jp/f/general_cms_pages/16040/wysiwyg/rerk1405.pdf>.
- [41] 三井秀俊 (2014b),「ARCH 型モデルによる日経 225 オプションの実証研究に関するサーベイ」, 日本証券経済研究所『証券経済研究』, 第 87 号, pp. 41–60.
- [42] 三井秀俊,渡部敏明 (2003),「ベイズ推定法による GARCH オプション価格付けモデルの分析」, 日本統計学会『日本統計学会誌』, 33, pp. 307–324.
- [43] 蓑谷千凰彦 (2000),『よくわかるブラック・ショールズモデル』, 東洋経済新報社.
- [44] 森平爽一郎・小島裕 (1997),『コンピュテーショナル・ファイナンス』(ファイナンス講座 4), 朝倉書店.

[45] 森保洋 (1999),「ARCH モデルによる日経 225 オプション評価」,『現代経済学研究』7, pp. 143–159.

[46] 矢島美寛 (2003),「長期記憶をもつ時系列モデル」, 刈屋武昭・田中勝人・矢島美寛・竹内啓 [著],『経済時系列の統計 —その数理的基礎—』(統計科学のフロンティア 8), 岩波書店, pp.103–202.

[47] 山本拓 (1988),『経済の時系列分析』, 創文社.

[48] UBS 銀行東京支店外国為替部 [編] (2004),『プロ投資家のための外国為替取引』, 日経 BP 社.

[49] 湯前祥二・鈴木輝好 (2000),『モンテカルロ法の金融工学への応用』(シリーズ <現代金融工学> 6), 朝倉書店.

[50] 吉川真裕 (2006),「アメリカでの個別先物の離陸」, 大阪証券取引所『先物・オプション レポート』Vol.18, No.3, pp.1–4.
2013 年 11 月 18 日 <http://www.ose.or.jp/f/research_reports/117/reports/rerk 0603.pdf>.

[51] 渡部敏明 (1999)「日経 225 先物価格と現物指数の変動の構造変化」建設省道路局財団法人財政経済協会『マクロ経済の構造変化に関する調査研究』.

[52] 渡部敏明 (2000),『ボラティリティ変動モデル』(シリーズ <現代金融工学> 4), 朝倉書店.

[53] 渡部敏明 (2003),「日経 225 オプションデータを使った GARCH オプション価格付けモデルの検証」,『金融研究』22, pp. 1–34.

[54] 渡部敏明 (2007),「Realized Volatility —サーベイと日本の株式市場への応用—」,『経済研究』, Vol.58, No.4, pp. 352–373.

[55] 渡部敏明・大鋸崇 (1996),「日本の商品先物市場における価格のボラティリティーと出来高および取引高との関係」,『先物取引研究』, 第 2 巻, 第 3 号, No.4, pp. 41–56.

[56] 渡部敏明・佐々木浩二 (2005),「日経 225 先物価格を用いた FIEGARCH モデルの推定」, 大阪証券取引所『先物・オプションレポート』, Vol.17, No.8, pp. 1–4.
2013 年 11 月 18 日 <http://www.ose.or.jp/f/research_reports/110/reports/rerk 0508.pdf>.

[57] 渡部敏明・佐々木浩二 (2006),「ARCH 型モデルと "Realized Volatility" によるボラティリティ予測とバリュー・アット・リスク」, 日本銀行金融研究所『金融研究』, 第 25 巻, 別冊第 2 号, pp. 39–74.

[58] Alexander, C. and E. Lazar (2006), "Normal Mixture GARCH(1,1): Applications to Exchange Rate Modelling," *Journal of Applied Econometrics*, 21, pp. 307–336.

[59] Baillie, R. T., T. Bollerslev and H. O. Mikkelsen (1996), "Fractionally Integrated Generalied Autoregressive Conditional Heteroskedasticity," *Journal of Econometrics*, 74, pp. 3–30.

参考文献

[60] Barraquand, J. (1995), "Numerical Valuation of High Dimentional Multivariate European Securities," *Management Science*, 41, pp. 1882–1891.

[61] Bakshi, G., C. Cao and Z. Chen (1997), "Empirical Performance of Alternative Option Pricing Models," *Journal of Finance*, 52, pp. 2003–2049.

[62] Bauwens, L. and M. Lubrano (1998), "Bayesian Inference on GARCH Models Using the Gibbs Sampler," *Econometrics Journal*, 1, pp. C23–C46.

[63] Bauwens, L. and M. Lubrano (2002), "Bayesian Option Pricing Using Asymmetric GARCH Models," *Journal of Empirical Finance*, 9, pp. 321–342.

[64] Bauwens, L. and S. Laurent (2005), "A New Class of Multivariate Skew Densities, with Application to GARCH Models," *Journal of Business and Economic Statistics*, 23, pp. 346–354.

[65] Bekaert, G. and G. Wu (2000), "Asymmetric Volatility and Risk in Equity Markets," *Review of Financial Studies*, 13, pp. 1–42.

[66] Benhamou, E., E. Gobet and M. Miri (2010), "Time Dependent Heston Model," *SIAM Journal on Financial Mathematics*, 1, pp. 289–325.

[67] Bera, A. K. and M. L. Higgins (1993), "On ARCH Models: Properties, Estimation and Testing," *Journal of Economic Surveys*, 7, pp. 305–366.

[68] Black, F. (1976), "Studies of Stock Market Volatility Changes," *Proceedings of the American Statistical Association, Business & Economic Statistics Section*, pp. 177–181.

[69] Black, F. and M. Scholes (1973), "The Pricing of Options and Corporate Liabilities," *Journal of Political Economy*, 81, pp. 637–654.

[70] Bollerslev, T. (1986), "Generalized Autoregressive Conditional Heteroskedasticity," *Journal of Econometrics*, 31, pp. 307–327.

[71] Bollerslev, T., R. Y. Chou and K. F. Kroner (1992), "ARCH Modeling in Finance: A Review of the Theory and Empirical Evidence," *Journal of Econometrics*, 52, pp. 5–59.

[72] Bollerslev, T., R. F. Engle and D. B. Nelson (1994), "ARCH Models," in R. F. Engle and D. McFadden [eds.], *Handbook of Econometrics*, Vol.4, pp. 2959–3038, North-Holland.

[73] Bollerslev, T. and H. O. Mikkelsen (1996), "Modeling and Pricing Long-Memory in Stock Market Volatility," *Journal of Econometrics*, 73, pp. 151–184.

[74] Boyle, P., M. Broadie and P. Glasserman (1997), "Monte Carlo Methods for Security Pricing," *Journal of Economic Dynamics and Control*, 21, pp. 1267–1321.

[75] Broadie, M. and P. Glasserman (1996), "Estimating Security Price Derivatives Using Simulation," *Management Science*, 42, pp. 269–285.

[76] Brockwell, P. J. and R. A. Davis (2002), *Introduction to Time Series and Forecasting*, 2nd ed., Springer; 逸見功・田中稔・宇佐美嘉弘・渡辺則生 [訳] (2004),『入門時系列解析と予測』, CAP 出版.

[77] Cai, J. (1994), "A Markov Model of Switching-Regime ARCH," *Journal of Business & Economic Statistics*, 12, pp. 309–316.

[78] Campbell, J. Y., A. W. Lo and A. C. Mackinlay (1997), *The Econometrics of Financial Markets*, Princeton University Press; 祝迫得夫・大橋和彦・中村信弘・本多俊毅・和田賢治 [訳] (2003),『ファイナンスのための計量分析』, 共立出版.

[79] Christoffersen, P. and K. Jacobs (2004), "Which GARCH Model for Option Valuation ?," *Management Science*, 50, pp. 1204–1221.

[80] Darrat, A. D., S. Rahman and M. Zhong (2002), "On The Role of Futures Trading in Spot Market Fluctuations: Perpetrator of Volatility or Victim of Regret," 25, pp. 431–444.

[81] Davidson, J. (2001), "Moment and Memory Properties of Linear Conditional Heteroskedasticity Models," Manuscript, Cardiff University.

[82] Davidson, J. (2004), "Moment and Memory Properties of Linear Conditional Heteroskedasticity Models, and a New Model," *Journal of Business and Economic Statistics*, 22, pp. 16–29.

[83] Diebold, F. X. (1988), *Empirical Modeling of Exchange Rate Dynamics*, Springer-Verlag.

[84] Diebold, F. X. and J. A. Lopez (1995), "Modeling Volatility Dynamics," in Hoover, K. D. [ed.], *Macroeconometrics: Developments, Tensions and Prospects*, pp. 427–472, Kluwer Academic Publishers.

[85] Ding, Z., C. W. J. Granger and R. F. Engle (1993), "A Long Memory Property of Stock Market Returns and a New Model," *Journal of Empirical Finance*, 1, pp. 83–106.

[86] Doornik, J. A. (2006), *An Introduction to OxMetrics 4 - A Software System for Data Analysis and Forecasting*, Timberlake Consultants Ltd.

[87] Doornik, J. A. and D. F. Hendry (2013), *Econometric Modelling PcGive 14 Volume I*, Timberlake Consultants Ltd.

[88] Duan, J. -C. (1995), "The GARCH Option Pricing Model," *Mathematical Finance*, 5, pp. 13–32.

[89] Duan, J. -C. and J. -G. Simonato (1998), "Empirical Martingale Simulation for Asset Prices," *Management Science*, 44, pp. 1218–1233.

[90] Duan, J. -C. and H. Zhang (2001), "Pricing Hang Seng Index Options around the Asian Financial Crisis - A GARCH Approach," *Journal of Banking & Finance*, 25, pp. 1989–2014.

[91] Duan, J.-C., P. Ritchken and Z. Sun (2006), "Jump Starting GARCH: Pricing and Hedging Options with Jumps in Returns and Volatilities," *Working Paper*, 06-19, Federal Reserve Bank of Cleveland. 5 Mar. 2013 <http://www.clevelandfed.org/research/workpaper/2006/wp0619.pdf>.

[92] Engle, R. F. (1982), "Autoregressive Conditional Heteroskedasticity with Estimates of the Variance of United Kingdom Inflation," *Econometrica*, 50, pp. 987–1007.

[93] Engle, R. F. [ed.] (1995), *Arch: Selected Readings*, Oxford University Press.

[94] Engle, R. F. and T. Bollerslev (1986), "Modeling the Persistence of Conditional Variances," *Econometric Rewiews*, 5, pp. 1–50.

[95] Engle, R. F., D. M. Lilien and R. P. Robins (1987), "Estimating Time Varying Risk Premia in the Term Structure: The ARCH-M Model," *Econometrica*, 55, pp. 391–407.

[96] Engle, R. F. and C. Mustafa (1992), "Implied ARCH Models from Options Prices," *Journal of Econometrics*, 52, pp. 289–311.

[97] Engle, R. F. and V. K. Ng (1993), "Measuring and Testing the Impact of News on Volatility," *Journal of Finance*, 48, pp. 1749–1778.

[98] Fama, E. (1965), "The Behavior of Stock Prices," *Journal of Business*, 38, pp. 34–105.

[99] Fernández, C. and M. F. J. Steel (1998), "On Bayesian modeling of Fat Tails and Skewness," *Journal of the American Statistical Association*, 93, pp. 359–371.

[100] French, K. R. and R. Roll (1986), "Stock Return Variance: The Arrival of Information and the Reaction of Traders," *Journal of Financial Economics*, 17, pp. 5–26.

[101] Garman, M. B. and S. V. Kohlhagen (1983), "Foreign Currency Option Values," *Journal of International Money and Finance*, 2, pp. 231–237, Reprinted in DeRosa, D. [ed.], *Currecy Derivatives*, (1998), New York: John Wiley & Sons.

[102] Glosten, L. R., R. Jagannathan and D. Runkle (1993), "On the Relation between the Expected Value and the Volatility of Nominal Excess Returns on Stocks," *Journal of Finance*, 48, pp. 1779–1801.

[103] Giot, P. and S. Laurent (2004), "Modelling Daily Value-at-Risk Using Realized Volatility and ARCH Type Models," *Journal of Empirical Finance*, 11, pp. 379–398.

[104] Gourieroux, C. and J. Jasiak (2001), *Financial Econometrics*, Princeton University Press.

[105] Gray, S. F. (1996), "Modeling the Conditional Distribution of Interest Rates as a Regime-Switching Process," *Journal of Financial Economics*, 42, pp. 27–62.

[106] Haas, M., S. Mittnik and M. S. Paolella (2004). "Mixed Normal Conditional Heteroskedasticity," *Journal of Financial Econometrics*, 2, pp. 211–250.

[107] Hafner, C. M. and H. Herwartz (2001), "Option Pricing under Linear Autoregressive Dynamics, Heteroskedasticity, and Conditional Leptokurtosis," *Journal of Empirical Finance*, 8, pp. 1–34 .

[108] Hamilton, J. D. (1989), "A New Approach to the Economic Analysis of Nonstationary Time Series and the Business Cycle," *Econometrica*, 57, pp. 357–384.

[109] Hamilton, J. D. and B. Raj [eds.] (2002), *Advances in Markov-Switching Models: Applications in Business Cycle Research and Finance*, Physica-Verlag.

[110] Hamilton, J. D. and R. Susmel (1994), "Autoregressive Conditional Heteroskedasticity and Changes in Regime," *Journal of Econometrics*, 64, pp. 307–333.

[111] Hansen, P. R., Z. Huang and H. H. Shek (2012), "Realized GARCH: A Joint Model for Returns and Realized Measures of Volatility," *Journal of Applied Econometrics*, 27, pp. 877–906.

[112] Henry, O. T. (2009), "Regime Switching in the Relationship between Equity Returns and Short-Term Interest Rates in the UK," *The Journal of Banking & Finance*, 33, pp. 405–414.

[113] Heston, S. L. (1993), "A Closed Form Solution for Options with Stochastic Volatility with Applications to Bond and Currency Options," *Review of Financial Studies*, 6, pp. 327–343.

[114] Heston, S. L. and S. Nandi (2000), "A Closed-Form GARCH Option Valuation Model," *Review of Financial Studies*, 13, pp. 585–625.

[115] Hol, E. M. J. H. (2003), *Empirical Studies on Volatility in International Stock Markets*, Kluwer Academic Publishers.

[116] Hwang, Y. (2001), "Asymmetric Long Memory GARCH in Exchange Return," *Economics Letters*, 73, pp. 1–5.

[117] J. P. Morgan (1996), *Riskmetrics Technical Document*, 4th ed. J. P. Morgan, New York.

[118] Jarque, C. M. and A. K. Bera (1987), "Test for Normality of Observations and Regression Residuals," *International Statistical Review*, 55, pp. 163–172.

[119] John, B., S. Gleb and S. Charles (2001), "The Effect of Futures Market Volume on Spot Market Volatolity," *Journal of Business Finance and Accounting*, 28, pp. 799–819.

[120] Kim, C. -J. (1993), "Unobserved Component Time Series Models with Markov-Switching Heteroskedasticity: Changes in Regime and the Link between Inflation Rates and Inflation Uncertainty. *Journal of Business and Economic Statistics*, 11, pp. 341–349.

参考文献

[121] Kim, C. -J. and C. R. Nelson (1999), *State-Space Models with Regime Switching: Classical and Gibbs-Sampling Approaches with Applications*, The MIT Press.

[122] Kim, Y. -J. (2002), "Option Pricing under Stochastic Interest Rates: An Empirical Investigation," *Asia-Pacific Financial Markets*, 9, pp. 23–44.

[123] Klaassen, F. (2002), "Improving GARCH Volatility Forecasts with Regime-Switching GARCH," *Empirical Economics*, 27, pp. 363–394.

[124] Knight, J. and S. Stachell [eds.] (2001), *Return Distributions in Finance*, Butterworth-Heinemann.

[125] Laurent, S. and J.-P. Peters (2002), "G@RCH 2.2: An Ox Package for Estimating and Forecasting Various ARCH Models," *Journal of Economic Surveys*, 16, pp. 447–485.

[126] Laurent, S. and J.-P. Peters (2006), *Estimating and Forecasting ARCH Models Using G@RCH 4.2*, Timberlake Consultants Ltd.

[127] Lunde, A. and A. Timmermann (2004), "Duration Dependence in Stock Prices: An Analysis of Bull and Bear Markets," *Journal of Business & Economic Statistics*, 22, pp. 253-273.

[128] Maddala, G. S. and C. R. Rao [eds.] (1996), *Handbook of Statistics*, Vol.14: Statistical Methods in Finance, North-Holland; 小暮厚之・森平爽一郎 (監訳) (2004), 『ファイナンス統計学ハンドブック』, 朝倉書店.

[129] Maheu, J. M., T. H. McCurdy and Y. Song (2012), "Components of Bull and Bear Markets: Bull Corrections and Bear Rallies," *Journal of Business & Economic Statistics*, 30, pp. 391–403.

[130] Mandelbrot, B. (1963), "The Variation of Certain Speculative Prices," *Journal of Business*, 36, pp. 394–416.

[131] Merton, R. C. (1973), "The Theory of Rational Option Pricing," *Bell Journal of Economics and Management Science*, 4, pp. 141–183.

[132] Michelfelder, R. A. (2005), "Volatility of Stock Returns: Emerging and Mature Markets," *Managerial Finance*, 31, pp. 66–86.

[133] Mitsui, H. (2004), "An Application of Stochastic Volatility Model to the Yen / US dollar Exchange Rate," *KEIZAI SHUSHI (The Nihon University Economic Review; Special Issue Commemorating the Centennial of Nihon University College of Economics)*, Vol.74, No.3, pp. 211–221.

[134] Mitsui, H. (2008), "Analysis of Asymmetry between Volatility and the Rate of Return on the Yen / US Dollar, Yen / Euro Exchange Rate," *Journal of Business Research* No.30, pp. 85–102.

[135] Mitsui, H. (2013), "A Note on the Stock Market Trend Analysis Using Markov-Switching EGARCH Models," *KEIZAI SHUSHI (The Nihon University Economic Review)*, Vol.83, No.3, pp. 111–117.

[136] Mitsui, H. (2014), "Bull and Bear Market Analysis of the Nikkei 225 Futures and TOPIX Futures," *KEIZAI SHUSHI (The Nihon University Economic Review)*, Vol.84, No.1, pp. 19–39.

[137] Mitsui, H. and K. Satoyoshi (2010), "A Note on Option Pricing with the Markov Switching Models," *KEIZAI SHUSHI (The Nihon University Economic Review)*, Vol. 80, No.2, pp. 51–58.

[138] Nelson, D. B. (1991), "Conditional Heteroskedasticity in Asset Returns: A New Approach," *Econometrica*, 59, pp. 347–370.

[139] Nelson, D. B. and C. Q. Cao (1992), "Inequality Constraints in the Univeriate GARCH Model," *Journal of Business & Economic Statistics*, 10, pp. 229–235.

[140] Noh, J., R. F. Engle and A. Kane (1994), "Forecasting Volatility and Option Pricing of the S&P500 Index," *Journal of Derivatives*, pp. 17–30, Reprinted in Engle, R. F. [ed.] (1995), *ARCH: Selected Readings*, Chapter 15, Oxford University Press.

[141] Rachev, S. T. [ed.] (2003), *Handbook of Heavy Tailed Distributions in Finance*, Elsevier.

[142] Ross, S. M. (2002), *Simulation*, 3rd ed. Academic Press.

[143] Sabbatini, M. and O. Linton (1998), "A GARCH Model of the Implied Volatility of the Swiss Market Index from Option Prices," *International Journal of Forecasting*, 14, pp. 199–213.

[144] Saez, M. (1997), "Option Pricing under Stochastic Volatility and Interest Rate in the Spanish Case," *Applied Financial Economics*, 7, pp. 379–394.

[145] Satoyoshi, K. and H. Mitsui (2011), "Empirical Study of Nikkei 225 Options with the Markov Switching GARCH Model," *Asia-Pacific Financial Markets*, 18, pp. 55–68.

[146] Satoyoshi, K. and H. Mitsui (2012), "Option Valuation under Bulls and Bears Market Conditions," *Working Papers Series* 12-01, Nihon University. 23 Oct. 2013 <http://www.eco.nihonu.ac.jp/center/economic/publication/pdf/12-01.pdf>.

[147] Shephard, N. (1996), "Statistical Aspects of ARCH and Stochastic Volatility," in D. R. Cox, D. V. Hinkley and O. E. Barndorff-Nielsen [eds.], *Time Series Models in Econometrics, Finance and other Fields*, No.65 in Monographs on Statistics and Applied Probability, pp. 1–67, Chapman & Hall.

[148] Shephard, N. [ed.] (2005), *Stochastic Volatility: Selected Readings*, Oxford University Press.

[149] Shibata, M. (2011), "Identifying Bull and Bear Markets in Japan," *Asia-Pacific Financial Markets*, 19, pp. 99–117.

[150] Siu, T. K., Tong, H. and H. Yang (2004), "On Pricing Derivatives under GARCH Models: A Dynamic Gerber-Shiu's Approach," *North American Actuarial Journal*, 8, pp. 17–31.

参考文献 169

[151] Stampfli, J. and V. Goodman (2001), *The Mathematics of Finance: Modeling and Hedging*, BROOKS/COLE; 米村浩・神山直樹・桑原善太 [訳] (2003), 『ファイナンス数学入門』, 朝倉書店.

[152] Takeuchi-Nogimori, A. (2012), "An Empirical Analysis of Nikkei 225 Put Options Using Realized GARCH Models," *Global COE Hi-Stat Discussion Paper Series*, 241, Hitotsubashi University.
12 Mar. 2013 <http://gcoe.ier.hit-u.ac.jp/research/discussion/2008/pdf/gd12-241.pdf>.

[153] Taylor, S. J. (1986), *Modelling Financial Time Series*, John Wiley & Sons; 新日本証券/新日本証券調査センター [訳] (1988), 『金融先物・オプションの価格変動分析』, 東洋経済新報社.

[154] Taylor, S. J. (1994), "Modeling Stochastic Volatility: A Review and Comparative Study," *Mathematical Finance*, 4, pp. 183–204.

[155] Tierney, L. (1994), "Markov Chains for Exploring Posterior Distributions [with discussion]," *Annals of Statistics*, 21, pp. 1701–1762.

[156] Tsay, R. S. (2010), *Analysis of Financial Time Series*, 3rd ed., John Wiley & Sons.

[157] Tse, Y. K. (1998), "The Conditional Heteroskedasticity of the Yen-Dollar Exchange Rate," *Journal of Applied Econometrics*, 193, pp. 49–55.

[158] Ubukata, M. and T. Watanabe (2013), "Pricing Nikkei 225 Options Using Realized Volatility," *Global COE Hi-Stat Discussion Paper Series*, 273, Hitotsubashi University.
3 May 2014 <http://hermes-ir.lib.hit-u.ac.jp/rs/bitstream/10086/25421/1/gd12-273.pdf>.

[159] Watanabe, T. (2012), "Quantile Forecasts of Financial Returns Using Realized GARCH Models," *The Japanese Economic Review*, Vol.63 No.1, pp. 68–80.

[160] Xekalaki, E. and S. Degiannakis (2010), *ARCH Models for Financial Applications*, Wiley.

辞典・事典・ハンドブック・LaTeX

数学

1. 飯高茂・松本幸夫 [監修] / 岡部恒治 [編] (1999),『数学英和小辞典』, 講談社サイエンティフィック.
2. 小松勇作 [編] (1979),『数学英和・和英辞典』, 共立出版.
3. 日本数学会 [編集] (1985),『岩波 数学辞典』(第 3 版), 岩波書店.
4. 一松信・伊藤雄二 [監訳] (1993),『数学辞典』, 朝倉書店.

統計学

1. 竹内啓 [編集代表] (1989),『統計学辞典』, 東洋経済新報社.
2. 豊田秀樹 [監訳] (2006),『数理統計学ハンドブック』, 朝倉書店.
3. 蓑谷千凰彦 (2003),『統計分布ハンドブック』, 朝倉書店.
4. 蓑谷千凰彦 (2009),『数理統計ハンドブック』, 医学評論社.
5. Everitt, B. S. (2002), *The Cambridge Dictionary of Statistics*, 2nd ed., Cambridge University Press; 清水良一 [訳] (2002),『統計科学辞典』(原書初版の訳), 朝倉書店.

金融工学

1. 木島正明 [監訳] (2009),『金融工学ハンドブック』, 朝倉書店.
2. 今野浩・刈屋武昭・木島正明 [編集] (2004),『金融工学事典』, 朝倉書店.
3. 西村信勝・井上直樹・牟田誠一朗・平畠秀典・阿部清 (2003),『金融先端用語事典』(第 2 版), 日経 BP 社.
4. 野村證券金融研究所 [編] (2001),『金融工学辞典』, 東洋経済新報社.

計量経済学

1. 蓑谷千凰彦・縄田和満・和合肇 [編集] (2007),『計量経済学ハンドブック』, 朝倉書店.

LaTeX

1. 生田誠三 (2000),『LaTeX 2_ε 文典』, 朝倉書店.
2. 乙部厳己・江口庄英 (1997),『pLaTeX 2_ε for Windows Another Manual Vol.2 Extended Kit』, ソフトバンク パブリッシング.
3. 乙部厳己・江口庄英 (1998),『pLaTeX 2_ε for Windows Another Manual Vol.1 Basic Kit 1999』, ソフトバンク パブリッシング.
4. 野寺隆志 (1994),『楽々LaTeX』(第 2 版), 共立出版.
5. 横尾英俊 (2002),『LaTeX ユーザのためのレポート・論文作成入門』, 共立出版.

表記一覧

C_t^{BS}	:	B-S モデルによるヨーロピアン・コール・オプション価格
C_t^{Euro}	:	ヨーロピアン・コール・オプション価格
C_t^{GH}	:	Duan (1995) の GARCH オプションによるヨーロピアン・コール・オプション価格
C_t^{MCMC}	:	マルコフ連鎖モンテカルロ法によるヨーロピアン・コール・オプション価格
D_t	:	ダミー変数 (dummy variable)
D_{t-i}^{-}	:	ϵ_{t-i} が負のときには 1, それ以外のときには 0 であるダミー変数
d	:	長期記憶性を捉えるパラメータ
div	:	連続複利で計算された日次配当
dt	:	時間の微小変化 (infinitesimal change of time)
dz	:	ウィナー過程 (Wiener process)
$E[\cdot]$	:	期待値 (expectation)
$E[\cdot|\cdot]$	:	条件付期待値 (conditional expectation)
$E^P[\cdot]$	:	確率測度 P の下での期待値
$E^Q[\cdot]$	:	確率測度 Q の下での期待値
F_t	:	先物価格 (future price)
$f(\cdot)$	:	確率密度関数 (probability density function)
$I[\cdot]$	:	括弧内の区間では 1 , それ以外では 0 となる関数 (indicator function)
K	:	権利行使価格 (strike price, exercise price)
k	:	推定されたパラメータ数 / 次数
$kurt$	:	尖度 (kurtosis)
L	:	尤度 (likelihood) / ラグ・オペレータ (lag operater)
$\ln L$	:	対数尤度 (log likelihood)
m	:	自己相関の次数
N	:	同時点で観測されるオプションの標本数

$N(\cdot)$	:	標準正規分布の分布関数
NM	:	Normal Mixture
n	:	標準正規分布 (standard normal distribution)
n_t	:	$(t-1)$ 営業日と t 営業日との間の「休業日数+1」
$\mathbf{P}$	:	推移確率行列 (trasition matrix)
$Pr[\cdot]$	:	確率 (probability)
P_t	:	資産価格 (asset price)
P_t^{BS}	:	B-S モデルによるヨーロピアン・プット・オプション価格
P_t^{Euro}	:	ヨーロピアン・プット・オプション価格
P_t^{GH}	:	Duan (1995) の GARCH オプションによるヨーロピアン・プット・オプション価格
P_t^{MCMC}	:	マルコフ連鎖モンテカルロ法によるヨーロピアン・プット・オプション価格
p	:	ARCH 型モデルの過去のボラティリティのパラメータ次数
p_i	:	加重値
$p_{\cdot|\cdot}$	:	推移確率 (trasition probability)
$Q(\cdot)$	:	Q 統計量 (Q-statistic)
q	:	ARCH 型モデルの過去の 2 乗の撹乱項のパラメータ次数
R_t	:	収益率 (rate of return)
r	:	無リスク資産利子率 (risk-free interest rate)
S_t	:	原資産価格 (underlying asset price)
$skew$	:	歪度 (skewness)
skt	:	skewed-Student t 分布
s_t	:	状態変数 (state variable)
T	:	標本数 (sample size)
		権利行使日, 満期日 (expiration date, maturity date)
t	:	現在時点 / t 分布
$t(\cdot)$	:	t 分布の分布関数
tM	:	t Mixture
u_t	:	$i.i.d.$ の標準正規分布に従う確率変数
$Var[\cdot]$	:	分散 (variance)
$Var[\cdot|\cdot]$	:	条件付分散 (conditional variance)

表記一覧

$Var^P[\cdot]$	:	確率測度 Q の下での分散
$Var^Q[\cdot]$	:	確率測度 Q の下での分散
$X^{市場価格}$	:	コール / プット・オプションの市場価格
$\hat{X}^{推定値}$	:	コール / プット・オプションの推定値, または, 理論価格
z_t	:	i.i.d. の標準正規分布に従う確率変数
α	:	ARCH 型モデルの過去の 2 乗の撹乱項のパラメータ
β	:	ARCH 型モデルの過去のボラティリティのパラメータ
$\Gamma(\cdot)$	:	ガンマ関数 (gamma function)
γ	:	GJR モデルのレバレッジ効果 (leverage effect) を捉えるパラメータ
δ	:	ボラティリティのスピード
ϵ_t	:	平均 0, 分散 σ_t^2 の正規分布に従う確率変数
η	:	裾の厚さを示すパラメータ
Θ	:	未知のパラメータ集合
θ	:	EGARCH モデルのレバレッジ効果を捉えるパラメータ
λ	:	リスク・プレミアム (risk premium)
μ	:	期待収益率
ν	:	自由度 (degree of freedom)
ξ	:	非対称パラメータ
ξ_t	:	平均 0, 分散 σ_t^2 の正規分布に従う確率変数
ρ	:	標本自己相関係数 (autocorrelation coefficient)
σ	:	標準偏差 (standard deviation)
σ_t^2	:	ボラティリティ (volatility)
ϕ	:	AR 項のパラメータ
ψ	:	MA 項のパラメータ
Ω_t	:	利用可能な情報集合 (information set)
ω	:	ARCH 型モデルの定数項

略語一覧

ACF	:	autocrrelation function
ANA	:	All Nippon Airways
AGARCH	:	Asymmetric GARCH
APARCH	:	Asymmetric Power GARCH
AIC	:	Akaike's Information Criterion
a.s.	:	almost surely
ARMA	:	Autoregressive Moving Average
ARCH	:	Autoregressive Conditional Heteroskedasticity
A-R / M-H	:	Acceptance-Rejection / Metropolis-Hastings
ASYMM-FIGARCH	:	Asymmetric FIGARCH
ATM	:	at-the-money
B-S	:	Black-Scholes
CD	:	Certificate of Deposit
CME	:	Chicago Mercantile Exchange
DITM	:	deep-in-the-money
DOTM	:	deep-out-of-the-money
EGARCH	:	Exponential GARCH
EGARCH-M	:	EGARCH in-the-mean
EMS	:	Empirical Martingale Simulation
FIAPARCH	:	Fractionally Integrated APARCH
FIEGARCH	:	Fractionally Integrated EGARCH
FIGARCH	:	Fractionally Integrated GARCH
GARCH	:	Generalized ARCH
GARCH-S	:	seasonal GARCH
GED	:	Generalized Error Distribution
GJR	:	Glosten Jagannathan Runkle
GJR-M	:	GJR in-the-mean
HYGARCH	:	Hyperboric GARCH

IGARCH	:	Integrated GARCH
i.i.d.	:	independent and identically distributed
ITM	:	in-the-money
JASDAQ	:	Japan Securities Dealers Association Quotation System
JB	:	Jarque - Bera
LB	:	Ljung - Box
LRNVR	:	Locally Risk-Neutral Valuation Relationship
MAPD	:	Mean Absolute Percentage Deviation
MCMC	:	Markov-chain Monte Carlo
ME	:	Mean Error
MER	:	Mean Error Rate
ML	:	Maximum Likelihood
MS	:	Markov Switching
NGARCH	:	Nonlinear Asymmetric GARCH
NM	:	Normal Mixture
NY	:	New York
OTM	:	out-of-the-money
OSE	:	Osaka Securities Exchange
PNPGARCH	:	Partial Non-Parametric GARCH
QGARCH	:	Quadratic GARCH
QML	:	Quasi Maximum Likelihood
RMSE	:	Root Mean Squared Error
RMSER	:	Root Mean Squared Error Rate
S&P500	:	Standard and Poor's 500
SGED	:	skewed GED
SGX-DT	:	Singapore Exchange Derivatives Trading Limited
SIC	:	Schwart's Information Criterion
SV	:	Stochastic Volatility
TEPCO	:	The Tokyo Electric Power Companny
TOPIX	:	Tokyo Stock Price Index
t M	:	t Mixture
VaR	:	Value-at-Risk
VDITM	:	very-deep-in-the-money
VDOTM	:	very-deep-out-of-the-money
VGARCH	:	Vector GARCH
WTI	:	West Texas Intermediate

ギリシャ文字

大文字	小文字	名称	大文字	小文字	名称
A	α	alpha	N	ν	nu
B	β	beta	Ξ	ξ	xi
Γ	γ	gamma	O	o	omicron
Δ	δ	delta	Π	π, ϖ	pi
E	ϵ, ε	epsilon	P	ρ, ϱ	rho
Z	ζ	zeta	Σ	σ, ς	sigma
H	η	eta	T	τ	tau
Θ	θ, ϑ	theta	Υ	υ	upsilon
I	ι	iota	Φ	ϕ, φ	phi
K	κ	kappa	X	χ	chi
Λ	λ	lambda	Ψ	ψ	psi
M	μ	mu	Ω	ω	omega

索引

事項索引

A
a.s. (almost surely), 139
Acceptance-Rejection / Metropolis-Hastings (A-R / M-H), 145
Akaike, 35
Akaike's Information Criterion (AIC), 3, 17, 35, 132
All Nippon Airways (ANA), 16, 25
Antithetic Variates, 136
ARCH 型モデル, i, 1, 20, 28, 31, 33, 35, 51, 54, 56, 57, 71, 73, 77, 130 – 132, 135, 136, 142, 146, 151, 154, 155, 157
ARCH-type models, i
Asymmetric FIGARCH モデル, 88
Asymmetric GARCH モデル, 57
Asymmetric Power ARCH (APARCH) モデル, 31, 33, 88
asymmetry, 2
at-the-money (ATM), 146, 150
autocorrelation coefficient, 9
autocorrelation function (ACF), 9
Autoregressive Conditional Heteroskedasticity (ARCH) モデル, 31, 33

B
backward iteration, 122
Black-Scholes (B-S) モデル, 129, 130, 138, 140, 146, 148, 150, 151, 153, 154

C
Certificate of Deposit (CD), 138, 148, 152, 154
Chicago Mercantile Exchange (CME), 73, 81, 109
commodity market, 15
Control Variates, 136

D
daily data, 2
deep-in-the-money (DITM), 140, 143, 146
deep-out-of-the-money (DOTM), 140, 143, 146, 150, 153
degree of freedom, 4
density, 9
diagonal matrix, 122
double exponential distribution, 78
Dow 30, 32, 36, 37, 47, 48, 51
Duke University, i
dummy variable, 34

E
element by element division, 122
Empirical Martingale Simulation (EMS), 147
estimation, 53
Euro / Yen, 32, 36, 37, 46, 48, 51
Euro / Yen exchange rate, 2
excess kurtosis, 37
Expected Shortfall, 157
Exponential GARCH (EGARCH) モデル, 1, 2, 10, 14, 16, 20, 31, 33, 51, 57, 71, 128, 131, 132,

134, 142, 143, 146, 148, 151, 154

F

financial derivative, 53
forecasting, 54
Fractionally IAPARCH (FIAPARCH) モデル, 33, 88
Fractionally IEGARCH (FIEGARCH) モデル, 31, 33, 73, 75, 88, 131, 132, 146, 148, 154
Fractionally IGARCH (FIGARCH) モデル, 31, 33, 73, 75, 88, 131
futures, 53

G

gamma function, 4
generalized t distribution, 5
Generalized ARCH (GARCH) モデル, 1 – 3, 10, 11, 14, 16, 31, 33, 51, 57, 60, 62, 68, 71, 91, 98, 128, 130 – 132, 138, 142, 143, 146, 148, 150, 151, 154
Generalized Error Distribution (GED), 2, 5, 16, 18, 36, 74, 78, 79 – 81, 84, 85, 88, 89
Geometric Brownian motion, 155
Glosten Jagannathan Runkle (GJR) モデル, 28, 31 – 34, 51, 131, 132, 142, 143, 146, 154
G@RCH, 20, 31, 33, 35, 37, 51, 56, 61

H

Hannan - Quinn, 35
high mean, 113
high volatility, 113
Hamilton Filter, 106
Hyperboric GARCH (HYGARCH) モデル, 33, 88

I

implied volatility Volatility, 155

Importance Sampling, 136
in-the-money (ITM), 140, 143, 146, 150
independent and identically distributed ($i.i.d.$), 3, 17, 34, 75, 92, 105, 133
indicator function, 144
Integrated GARCH (IGARCH) モデル, 31, 33

J

J. P. Morgan, 33
Japan Securities Dealers Association Quotation System, 59
Jarque - Bera 検定統計量, 82
JASDAQ, 59, 60, 62, 68

K

Kronecker 積, 107
kurtosis, 6

L

Lag operater, 75
Laplace distribution, 78
Latin Hypercube Sampling, 136
Lattice Method, 136
leverage effects, 2
Ljung - Box 統計量, 9
Ljung - Box の Q 統計量, 85, 97, 113
Locally Risk Neutral Valuation Relationship, 131
long memory, 73
low mean, 113
low volatility, 113

M

Markov-chain Monte Carlo (MCMC), 143, 146
Markov-Switching (MS) モデル, 14, 91, 103, 105, 108, 128
Mean Absolute Percentage Deviation (MAPD), 138
Mean Error (ME), 148

索引

Mean Error Rate (MER), 140, 142, 148, 150, 152
Mitsubishi Corporation (Mitsubishi), 16, 20
model specification, 53
Monte Carlo simulation, 135
MS-ARCH モデル, 71, 103, 149
MS-ARMA-GARCH モデル, 104, 128
MS-EGARCH モデル, 71, 98, 128, 132, 155
MS-FIEGARCH モデル, 157
MS-FIGARCH モデル, 157
MS-GARCH モデル, 14, 71, 91, 92, 103, 104, 128, 131, 132, 149 – 151, 154
MS-GJR モデル, 157

N

Nikkei 225, 32, 46, 48, 51, 60, 62, 68
Nonlinear asymmetric GARCH モデル, 57
normal approximation, 9
normal distribution, 2
Normal Mixture, 151
NY Gold, 32, 36, 37, 47, 48, 51

O

option, 53
Osaka Securities Exchange (OSE), 73
out-of-the-money (OTM), 138, 140, 143, 146, 150
OxMetrics, 20, 37

P

Partial Non-Parametric GARCH モデル, 57
PcGive, 10, 20, 37, 56, 93, 107
Pearson goodness-of-fit, 51
periodogram, 46
posterior distribution, 144
put-call parity, 139

Q

Quadratic GARCH (QGARCH) モデル, 143

R

Realized GARCH モデル, 132, 155
Realized Volatility, 132, 155
Research Scholar, i
risk premium, 16
RiskMetrics, 32
Root Mean Square Error (RMSE), 148
Root Mean Square Error Rate (RMSER), 140, 142, 148, 150, 152

S

S&P 500, 32, 36, 37, 47, 48, 51
Schwart's Information Criterion (SIC), 3, 17, 132
Schwartz, 35
seasonal effects, 28
Sector Index, 59, 60, 62, 68
Shibata, 35
Sign Bias Tests, 51
Singapore Exchange Derivatives Trading Limited (SGX-DT), 73, 81, 109
skewed-Student t 分布, 77 – 81, 84, 88
skewed GED (SGED), 77
skewed-Student t distribution, 36
skewness, 6
smoothed probability, 122
Sony Corporation (Sony), 16, 25
spectral density, 37
spot market, 53
Student-t distribution, 36
Student-t 分布, 78 – 81, 84, 88
standard normal distribution, 4, 35
standardized skewed-Student t distribution, 74
standardized Student-t distribution, 73
Stochastic Volatility (SV), 14, 130, 157
Stratified Sampling, 136

T

t 検定, 56, 61
t 分布, 2, 4, 11, 12, 32, 36, 93, 131, 141 – 143, 150, 151, 152, 154
t-distribution, 2
Tokyo Electric Power Company (TEPCO), 16, 23, 59, 62, 68
t Mixture, 152
TOPIX, 32, 36, 37, 46 – 48, 51, 59, 60, 62, 68, 71
TOPIX 先物, 104, 109, 113, 122, 128
transition matrix, 93
transition probability, 92

U

uniform distribution, 78
US Dollar / Yen, 32, 36, 37, 46, 48, 51
US Dollar / Yen exchange rate, 2

V

Value-at-Risk (VaR), 77, 157
variance reduction method, 136
Vector GARCH モデル, 57
very-deep-in-the-money (VDITM), 153
very-deep-out-of-the-money (VDOTM), 153
volatility smile, 155

W

West Texas Intermediate, 32
WTI 原油先物価格, 32
WTI Oil, 32, 36, 37, 47, 48, 51

ア行

アメリカン・オプション, 129
委託証拠金, 53
一様分布, 78
一般化誤差分布, 2
一般化 t 分布, 5, 77
移動平均乖離率, 91
移動平均線, 91
イブニング・セッション, 109, 128
インプライド・ボラティリティ, 155
ウィナー過程, 155
売り気配, 147
大阪証券取引所, 59, 73, 81, 108
大阪取引所, 130
オプション, 53, 57

カ行

買い気配, 147
外国株, 59
外国為替市場, 53
χ^2 分布, 9, 56, 61, 85, 97, 113
確率測度 P, 139
確率測度 Q, 139
確率的分散変動モデル, 14, 130
加重サンプリング, 136
株式市場, 15, 16, 28, 32, 53, 59, 62, 68, 71
ガンマ関数, 4, 5, 18, 36, 76, 134
幾何ブラウン運動, 155
期近物, 82, 108, 109
基準化された skewed-Student t 分布, 74, 77 – 80, 88, 89
基準化された Student-t 分布, 73, 77 – 80, 88, 89
規制緩和, 53 – 57
規制強化, 53 – 57
期待値, 3, 17, 34, 75, 92, 105, 135, 136, 139
基本統計量, 6, 19, 37, 62, 82, 94, 109
帰無仮説, 56, 61, 62, 68, 85, 97, 113
業種別東証株価指数電気ガス業, 59, 60, 68
局所中立性, 131, 139, 142, 145, 148, 154
金融政策当局, 53
金融デリバティブ, 53
経験的マルチンゲール・シミュレーション, 147
原子力発電所事故, 59
月次データ, 98, 128
限月, 73, 82, 138, 140, 142, 147, 150, 152

索 引

原資産, 129, 131, 132, 135, 137, 141 – 143, 145, 148, 151 – 154
原資産価格, 155
現物市場, 53, 54, 57
権利行使, 129, 135, 139, 152, 155
更新時間の変更, 53
更新値幅, 53
構造変化, 54 – 56, 59 – 61, 68, 71, 149
高頻度データ, 132, 155
コール・レート, 140, 142, 146, 154
誤差項, 3 – 5, 17, 33, 36, 75, 77, 79 – 81, 84, 88, 92, 93, 105, 106, 133, 141, 143
個別株式, 15, 16, 19, 28, 29
個別株オプション, 29
個別株先物, 29, 53
混合 t 分布, 131, 152
混合 t EGARCH モデル, 131, 152, 153
混合正規 EGARCH モデル, 131, 151 – 154
混合正規 GARCH モデル, 151
混合正規分布, 131, 151, 152

サ行

サーキット・ブレーカー制, 53
債券市場, 53
最小値, 82, 94, 109
最大値, 82, 94, 109
先物, 53, 57
先物悪玉説, 57
先渡, 53
時価総額加重型, 59
時間の微小変化, 155
事後分布, 144, 145
事前分布, 144, 145
ジャスダック市場, 59
13 週移動平均線, 91
自由度, 4, 36, 78, 79, 84, 85
証券コード協議会, 59
証券市場, 31, 57
条件付期待値, 92
条件付分散, 149
状態変数, 149
商品市場, 15

情報集合, 92, 149
推移確率, 92, 93, 105, 112, 113, 149
推移確率行列, 93, 105
推定, 53
スペクトル密度, 37
スワップ, 53
正規近似, 9, 20, 37, 62, 82, 94, 109
正規性検定, 37, 62, 82, 94, 109
正規性の検定統計量, 82, 94, 109
正規分布, 2, 5, 9, 16, 18, 20, 32, 36, 37, 54, 62, 73, 74, 77 – 79, 80 – 82, 84, 85, 88, 93, 94, 109, 141, 151, 152
制御変数法, 136, 140, 142, 147, 150, 152
整理銘柄, 59
絶対連続, 139
尖度, 6, 9, 19, 37, 62, 73, 82, 94, 109
全日本空輸 (全日空), 16, 19, 25, 27, 28
層別サンプリング, 136
ソニー, 16, 19, 25, 27, 28

タ行

対角行列, 122
対数正規, 155
ダウ工業株 30 種平均, 32
ダウ式平均, 59
ダミー変数, 34, 60, 133
単位根, 76, 134
短期記憶, 76, 134, 147
超過尖度, 37
長期記憶, 73, 76, 77, 84, 131, 132, 146, 147
通貨オプション, 129
東京外国為替市場, 6, 14
東京証券取引所, 59, 109, 147
東京電力, 16, 19, 23, 25, 27, 28, 59, 60, 68, 71
投資家のリスク中立性, 131, 138, 142, 147, 150, 152, 154, 155
取引証拠金, 53
ドリフト項, 155

ナ行

内国普通株式全銘柄, 59
ナイト・セッション, 81, 109, 128
75 日移動平均線, 91
25 日移動平均線, 91
26 週移動平均線, 91
日次データ, 2, 6, 16, 32, 36, 59, 62, 74, 98, 104
日次配当, 147
日経 225 オプション, 130–132, 135, 138, 140–143, 146, 147, 149–152, 154, 155
日経ジャスダック平均株価, 59, 60, 68, 71
日経 NEEDS-FinancialQuest, 6, 19, 37, 62, 81, 94, 109
日経 225 先物, 73, 74, 77, 81, 82, 84, 85, 88, 98, 104, 108, 109, 112, 113, 122, 128
日経平均株価, 15, 32, 46, 60, 68, 71, 91, 92, 94, 97, 98
日本銀行, 59
ニューヨーク金先物価格, 32

ハ行

配当率, 148
バリアンス先物, 53
東日本大震災, 59–62, 68, 71
ヒストグラム, 9, 20, 37, 62, 82, 94, 109
非対称性, 2, 11, 12, 14–16, 20, 23, 25, 27, 28, 32, 46–48, 51, 130, 131, 133, 143, 146, 148, 154
標準正規分布, 4, 5, 12, 18, 20, 25, 27, 28, 35, 73, 77–80, 88, 89, 93, 106, 143, 150, 156
標準偏差, 15, 82, 94, 109, 155
標本期間, 6, 19, 37, 62, 82, 94, 109, 137, 138, 140, 142, 147, 150, 152
標本自己共分散, 9
標本自己相関, 9, 20, 37
標本自己相関係数, 9
標本数, 6, 19, 37, 62, 82, 94, 109, 137, 138, 140, 142, 146, 147, 150, 152
ピリオドグラム, 46
負相関法, 136, 142, 150, 152
プット・コール・パリティ, 139
不動産投資信託, 59
ブル相場, 91, 93, 94, 97, 98, 103–105, 112, 113, 122, 128
分散, 3, 4, 9, 15, 20, 34, 36, 37, 62, 75, 82, 92, 94, 105, 109, 137, 139
分散減少法, 136, 138, 140, 142, 147, 150, 152
分布関数, 156
ベア相場, 91, 93, 94, 97, 98, 103–105, 112, 113, 122, 128
平均, 6, 9, 20, 37, 62, 82, 94, 97, 109, 112, 122
平均誤差, 148
平均誤差率, 140
平均 2 乗誤差率の平方根, 140
平均絶対乖離率, 138
平均 2 乗誤差, 148
平滑化確率, 122
ベイズ推定法, 143, 144, 146
米ドル/円為替レート, 2, 6, 9, 10–12, 14, 15, 32, 46
ボラティリティ先物, 53
ボラティリティ・スマイル, 155

マ行

マネネス, 138, 140, 142, 143, 146, 148, 150, 153
マルコフ過程, 92, 105, 149
満期日, 129, 135, 136, 139, 142, 145, 148, 150, 152, 156
密度関数, 9, 20, 37, 62, 82, 94, 109
三菱商事, 16, 19, 20, 23, 27, 28
無担保コール翌日物, 150
無リスク資産利子率, 130, 135, 138, 140, 142, 146–148, 150, 152, 154
モデルの特定化, 53
モンテカルロ・シミュレーション, 135, 136, 138, 140, 142, 146, 147,

150, 152

ヤ行

尤度, 145
尤度比検定, 56, 61
尤度比検定統計量, 62, 68
ユーロ/円為替レート, 2, 6, 9, 12, 14, 15, 32, 46
曜日効果, 28, 134, 137
ヨーロピアン・オプション, 129, 135
ヨーロピアン・コール・オプション, 139, 145, 155
ヨーロピアン・プット・オプション, 145, 155
予測, 54

ラ行

ラグ・オペレータ, 75 – 77
ラティス法, 136
ラテン・ハイパーキューブ・サンプリング, 136
リスク・プレミアム, 16, 17, 20, 23, 25, 27, 33, 135, 139, 143, 144, 146, 154
リスク中立測度, 138, 139, 142, 143, 145, 147
レバレッジ・エフェクト, 2, 15, 34
連続複利, 147, 156

ワ行

歪度, 6, 9, 82, 94, 109
割引現在価値, 135, 136, 145

人名索引

A
Alexander, C., 151

B
Baillie, R. T., 33, 73, 75, 131

Bakshi, G., 140, 153
Barraquand, J., 136
Bauwens, L., 79, 131
Bekaert, G., 15
Benhamou, E., 153
Bera, A. K., 1, 82, 94, 109
Black, F., 15, 129
Bollerslev, T., i, 1, 2, 16, 33, 73, 75 – 77, 130, 131
Boyle, P., 136
Broadie, M., 136
Brockwell, P. J., i

C
Cai, J., 71, 103, 149
Campbell, J. Y., i, 54
Cao, C. Q., 3
Christoffersen, P., 131

D
Darrat, A. D., 57
Davidson, J., 33, 88
Davis, R. A., i
Degiannakis, S., 80, i, 157
Diebold, F. X., 6, 9
Ding, Z., 33, 88
Doornik, J. A., 20, 37, 93
Duan, J. -C., 131, 139, 142, 145 – 147, 153 – 155

E
Engle, R. F., 1, 16, 33, 130, 131, 154, 157

F
Fama, E., 141
Fernández, C., 77
French, K. R., 137

G
Garman, M. B., 129
Giot, P., 77
Glasserman, P., 136

Glosten, L. R., 28, 32 – 34, 131
Goodman, V., 129
Gourieroux, C., 20
Gray, S. F., 71, 92, 103, 149

H

Haas, M., 71, 92, 103, 104, 151
Hafner, C. M., 131
Hamilton, J. D., 14, 71, 103, 106, 149
Hansen, P. R., 132, 157
Hendry, D. F., 20, 37, 93
Henry, O. T., 128
Herwartz, H., 131
Heston, S. L., 154, 157
Hol, E. M. J. H., 1
Hwang, Y., 88

J

Jacobs, K., 131
Jarque, C. M., 82, 94, 109
Jasiak, J., 20
John, B., 57

K

Kim, C. -J., 14
Kim, Y. J., 154
Klaassen, F., 92, 103
Knight, J., 16
Kohlhagen, S. V., 129

L

Laurent, S., 77, 79
Laurent, S. A., 20, 31, 37
Lazar, E., 151
Linton, O., 131
Lopez, J. A., 6, 9
Lubrano, M., 131
Lunde, A., 128

M

Maddala, G. S., 20
Maheu, J. M., 98
Mandelbrot, B., 141

Merton, R. C., 129
Michelfelder, R. A., 77
Mikkelsen, H. O., 33, 73, 75, 131
Mitsui, H., 14, 71, 98, 103, 107, 131, 132, 149, 151, 152
Mustafa, C., 131

N

Nandi, S., 154
Nelson, C. R., 14
Nelson, D. B., 1, 2, 3, 16, 33, 76, 131, 137
Ng, V. K., 154
Noh, J., 131, 137

P

Peters, J. -P., 20, 31, 37

R

Rachev, S. T., 16
Raj, J., 14
Rao, C. R., 20
Roll, R., 137
Ross, S. M., 136

S

Sabbatini, M., 131
Saez, M., 131
Satoyoshi, K., 71, 103, 107, 131, 132, 149, 151, 152
Scholes, M, 129
Shephard, N., 1, 157
Shibata, M., 128
Shimonato, J. -G., 147
Siu, T. K., 155
Stachell, S., 16
Stampfli, J., 129
Steel, M. F. J., 77
Susme, R., 103, 149
Susmel, R., 71

T

Takeuchi-Nogimori, A., 132, 157

索 引

Taylor, S. J., i, 1
Tierney, L., 145
Timmermann, A., 128
Tsay, R. S., 54
Tse, Y. K., 33, 88

U

Ubukata, M., 132, 157

W

Watanabe, T., 132, 157
Wu, G., 15

X

Xekalaki, E., i, 80, 157

Z

Zhang, H., 131

ア行

石村貞夫, 129
石村園子, 129
市川博也, 80
大鋸崇, 15, 91
大村敬一, 53
大屋幸輔, 91
沖本竜義, 54

カ行

小島裕, 136

サ行

佐々木浩二, 77
里吉清隆, 14, 71, 91, 98, 103, 128, 131, 151, 152
柴田舞, 157
鈴木輝好, 136

タ行

高橋弘, 57
竹内明香, 131, 143, 148
竹内 (野木森) 明香, 77, 131, 146, 147

ハ行

ヘンドリー・ドーニック, 10, 20, 37

マ行

松葉育雄, 76
三井秀俊, 11, 14, 15, 71, 77, 91, 98, 103, 128, 130, 131, 139, 142, 143, 145, 146, 148, 150 – 152, 157
蓑谷千凰彦, 129
森平爽一郎, 136
森保洋, 131, 137, 138, 152

ヤ行

矢島美寛, 76
山本拓, i
湯前祥二, 136
吉川真裕, 29, 53

ワ行

渡部敏明, i, 15, 54, 77, 131, 141, 143, 145 – 148, 150, 152, 157

著者略歴

三井　秀俊（みつい　ひでとし）

博士（経済学）［東京都立大学・2001年］（現・首都大学東京）
1970年　埼玉県に生まれる
2000年　東京都立大学大学院社会科学研究科博士課程単位取得満期退学
2000年　東京都立大学経済学部助手
2002年　日本大学経済学部専任講師
2006年　日本大学経済学部助教授（2007年より准教授）
現在，日本大学経済学部・大学院経済学研究科　准教授
・千葉大学大学院社会科学研究科非常勤講師［2003年〜2010年］
・一橋大学大学院経済学研究科非常勤講師［2007年〜2008年］
・筑波大学大学院システム情報工学研究科非常勤講師［2007年〜2011年］
・埼玉大学大学院経済科学研究科非常勤講師［2008年〜2013年，2014年〜］
・埼玉大学大学院経済科学研究科客員准教授［2008年〜2013年，2014年〜］
・Duke University, Research Scholar［2013年〜2014年］

【著書】
- 『オプション価格の計量分析』，税務経理協会，2004．
- "Financial / Capital Market in Korea," in Kurosawa, Y. (ed.), *Capital Market and Rating Agencies in Asia: Structuring a Credit Risk Rating Model*, pp. 17–41, Nova Science Publishers, 2012．

e-mail：mitsui.hidetoshi@nihon-u.ac.jp

著者との契約により検印省略

平成26年11月11日　初版第1刷発行

**ARCH型モデルによる
金融資産分析**
ARCH-type Models for
Financial Applications

著　者	三井　秀俊	
発行者	大坪　嘉春	
印刷所	税経印刷株式会社	
製本所	牧製本印刷株式会社	

発行所　〒161-0033　東京都新宿区　　株式会社　税務経理協会
　　　　下落合2丁目5番13号

振　替　00190-2-187408　　電話　(03)3953-3301（編集部）
ＦＡＸ　(03)3565-3391　　　　　　 (03)3953-3325（営業部）
　　　　URL　http://www.zeikei.co.jp/
　　　　乱丁・落丁の場合は，お取替えいたします。

©　三井秀俊　2014　　　　　　　　　　　　　　Printed in Japan

本書の無断複写は著作権法上での例外を除き禁じられています。複写される
場合は，そのつど事前に，（社）出版者著作権管理機構（電話 03-3513-6969,
FAX 03-3513-6979, e-mail : info@jcopy.or.jp）の許諾を得てください。

JCOPY　＜(社)出版者著作権管理機構 委託出版物＞

ISBN978-4-419-06185-2　C3033